最美的赠言集锦

Zui Mei De Zengyan Jijin

刘　玄◎编著

南京出版传媒集团
南京出版社

图书在版编目（CIP）数据

最美的赠言集锦 / 刘玄编著. -- 南京 : 南京出版社, 2013.7
ISBN 978-7-5533-0267-6

Ⅰ. ①最… Ⅱ. ①刘… Ⅲ. ①格言—世界—青年读物
Ⅳ. ①H033-49

中国版本图书馆CIP数据核字(2013)第133242号

书　　名：最美的赠言集锦
作　　者：刘玄　编著
出版发行：南京出版传媒集团
南　京　出　版　社
社址：南京市老虎桥18-1号　　　　邮编：210018
网址：http://www.njcbs.com　　　　电子信箱：njcbs1988@163.com
淘宝网店：http://njpress.taobao.com
联系电话：025-83283871、83283864（营销）　025-83283883（编务）

出 版 人：朱同芳
总 策 划：刘成林
责任编辑：谢　微　江山华
装帧设计：陈淑芳
责任印制：杨福彬

印　　刷：北京潮河印刷有限公司
开　　本：787毫米×1092毫米　1/16
印　　张：12
字　　数：180 千
版　　次：2013 年 11 月第 1 版
印　　次：2013 年 11 月第 1 次印刷
书　　号：ISBN 978-7-5533-0267-6
定　　价：23.80 元

contents

赠父母 …… 1

赠师长 …… 15

赠友人 …… 39

赠恋人 …… 61

赠奋斗者 …… 91

道德赠言 …… 111

祝愿赠言 …… 119

生日赠言 …… 135

交际赠言 …… 153

思念赠言 …… 169

赠父母

ZENG FUMU

父　亲，

我真想与你一起到荒瘠的沙漠，或者莽莽丛林中去做一次神奇的历险，从而学得你坚韧与豪迈的气概。

当春花烂漫时，我将到野外采撷一朵最芬芳的丁香，别在母亲那淡雅的衣襟上。

您把花的形象留下，您把花的芬芳留下，想起您，我的岁月永远鲜艳，永远芳菲。

呵！慈母的爱，这种爱谁也不能忘怀！

——雨　果

谁在我跌倒时将我扶起？谁对我讲述美丽的故事？谁给我创痛的地方一个吻？——我的母亲！

——泰　罗

诗人赞美傲霜的秋菊，但秋菊经受的风风雨雨，怎能与您一生相比？几十年来，您始终在风雨中昂首挺立……

妈妈，您知否，我现在的玫瑰色的理想正是来自童年时代摇篮里恬静的梦幻。

父母对子女之情，远胜于子女对父母之情。

——吉田松

父之德行为子之最良遗产。

——培　根

父母对儿女的心情，简直是一种宗教；儿子就是一个如来佛，女儿就是一个观世音。

——王　力

父母的爱是世间最崇高的爱——只是给予，不是索取，不溯既往，不讨恩情。

爸爸，尽管我能体会到您对我的关怀和理解，但要亲口对您说声“谢谢”却不容易。愿这张卡片能表达我对您的感激之情。

爸爸，在这特殊的日子里，所有的祝福都带着我们的

爱，倾入您的酒杯里，红红的、深深的，直达心底。祝您健康、快乐！

妈妈，从您那里我获得的不仅是母爱和知识，而且还有更重要的做人道理，懂得了爱在这个世界上的意义。您是我安乐的守护人，又是我生活中的楷模！

母亲啊！在悲伤时，您是慰藉；在沮丧时，您是希望；在软弱时，您是力量。您是同情、怜悯、慈爱、宽容的源泉。

父亲，我要为您画一幅丹青。画面：晴空、雪原、青松。题字：高洁的品格，不屈的人生。

您创立了丰功伟绩，却谦逊地默默不语。这令我想起人们对河的赞辞：河水越深，响声越小。

母亲的痛苦和爱，创立了这一天——生日，使我们懂得了生命和情感。在您的这个节日中，遥寄我深深的思念和祝福。

永不褪色的是您默默的关怀，无穷无尽的是您深深的爱心，祝福献给我最爱的妈妈，谢谢您——妈妈！

心在最深处常常感受到一种爱，那爱不会随着光阴的流逝而削弱，那爱将伴随我天涯海角，直至永远。那是你们——亲爱的爸爸、妈妈给予我的爱。谢谢你们！

爸爸的教诲像一盏灯，为我照明前进的道路；爸爸的关怀像一把伞，为我遮蔽风雨。在父亲节前夕，我愿献上最真诚的

祝福，愿我的祝福像一首诗、一支歌，给爸爸一份安慰、一份喜悦。

妈妈，请放开您的手，不要把我搂得太紧太紧，虽然您的怀抱很温暖很温暖，但它会抑制我自己双翼的丰满。让我展开翅膀去飞翔、去搏击吧，总有一天我要离开您去独立生活。妈妈，请相信我！

爸爸妈妈，因为有你们的爱，我才活得这样充实、这样快乐。我将以同样的爱来回报你们，热爱理想、热爱事业、热爱生活，因为我知道，热爱是最好的老师。

您的眼光中虽然有严厉，但更多的是温暖、是爱护。谢谢您，爸爸。岁月只能侵蚀您刚毅的脸，却不能侵蚀您火热的心。

长大后我才明白，我诞生时的第一声啼哭，其实是我对母亲满怀感激的第一声礼赞。

妈妈，在我平淡的生活里，只要听到你一声亲切的呼唤，我的心里就会涌现出无限的喜悦。是的，做女儿的永远在倾听妈妈的呼唤。

妈妈，你是否知道，我

现在的玫瑰色的理想正是来自童年时代摇篮里那恬静的梦幻?

父亲，我真想与你一起到荒瘠的沙漠，或者莽莽丛林中去做一次神奇的历险，从而学得你坚韧与豪迈的气概。

当春花烂漫时，我将到野外采撷一朵最芬芳的丁香，别在母亲那淡雅的衣襟上。

您把花的形象留下，您把花的芬芳留下，想起您，我的岁月永远鲜艳、永远芳菲。

您的爱能使枯木发出新芽，使沙漠变成绿洲。

无论我走到哪里，总看得见母亲的微笑，因为月亮代表了母亲的心。

父母如温暖的河流，轻托着我的生命的小舟，缓缓地驶向成熟的彼岸。

鲜花奉献给春天，彩虹奉献给长空，我常常问自己：拿什么奉献给你们？我亲爱的爸爸和妈妈！

亲爱的父母，今天我理解了你们温馨深挚的爱意，我便开始走向成熟。

父亲，你的两鬓过早地染上了霜花；母亲，你的双眸流露出太多的牵挂。放心吧，女儿已经长大，自会怡然地走过每一个春秋冬夏。

灯下，我凝视着您的脸庞，不知何时您的额上又增添了皱纹；不知何时您的双鬓已染成了白色。妈妈，您太辛苦，太操劳了！明天让我帮您煮饭、洗衣，好吗？

爸爸，我爱您那件很旧的中山装，虽然它有些不够入时，有些不够洋派，但它蕴含着您的经历、您的生活、您的希望，也有我的影子、我的祝福。

我是一个东方的少年，羞于表达深蕴的情感。有时我突发奇想，我要旅行到一个遥远的地方，写上一封长长的信，寄托我浓浓的情。珍重地说：多么感谢您，亲爱的妈妈。

妈妈给我小雨，给我芳香，给我蜜。嘿，只要有您就有了春天的一切。

在您的抚养和期望中，我一年一年地成长。从我来到我走，我只记得两个字：妈妈。

母爱不仅是一种依傍，不仅是一种温暖，她的最伟大之处在于她能够造就我们的爱。

母亲的话有时虽寥寥数语，却使孩子铭刻在心，终身难忘。

母亲，您纯洁、真诚、温柔、善良，请相信，所有注视您的目光，都是片温馨的颂扬。

妈妈，不论走到哪里，我的眼前总有您慈祥的面容、慈爱的目光。

您用心点亮了我的心，以爱培育了我的爱。有您，我感到了世界的温暖。

在孩子心中，母亲就是上帝。

母亲啊！在悲伤时，您是慰藉；在沮丧时，您是希望；在软弱时，您是力量。

您是同情、怜悯、慈爱、宽容的源泉。

您把在这世界上得到的爱，加倍地送还给了这个世界，奉献给每一个需要爱抚的人。

妈妈应得的不只是一个节日，而应是荣誉勋章。妈妈，谢谢您这些年来所做的一切。

您给我的不是宫殿般豪华的房子，不是一笔数不清的钱财；您给我的是一部如大海般浩瀚的生活百科全书，指导我走向美好的人生。

古柏虽然瘢痕累累，每逢春天又会抽出新枝，变得茂盛苍翠。

假如我是作家，我的第一部作品将是《母亲》；假如我是歌星，我的第一首歌也将是《母亲》。

母亲节快乐。我们并不是一个很开放的家庭，有时说爱，我们开口实在很难，但是我们都非常爱您。每次听到朋友夸妈

妈美丽年轻，我们都好高兴呵！

在每一个父亲节都祝福您：永远保留着年轻时的激情，年轻时的火焰。那么，即使您白发覆额，步履蹒跚，我也仍然拥有一个年轻的父亲。

父亲，您不让光荣的历史成为束缚今天的绳索，不让年龄成为志在千里的羁绊，于是在我的眼里，您便有了长者的睿智和气度。父亲，我敬重你。

我是从故乡屋檐下飞出的一只小鸟，每根羽毛的成长都凝结着您的深情抚爱和谆谆教诲。

在我心中，只有母亲的眼睛才是漂亮的。母亲的眼睛能映出我童真的笑容，能抹去我稚嫩的愁容；母亲眼中，永远有种灿烂的光华。

您是一棵秋天的大树，经历过春天的幻想、夏日的繁茂，如今您成熟又坚强，您那高大宽广的树冠，使大地永不荒凉。

经历过这么多的风风雨雨，您似乎更年轻了，不但是外貌，而且是心灵。

您是一块坚硬的花岗岩，甘愿铺在道路上，垫平坎坷，消除泥泞，让人们踏着向前。

您这勤奋的笔，是深耕的犁，不停地写，不停地犁，在知识的沃土上耕耘。您定会拥有一个黄金般收获的秋季！

世界上只有一位最好的女性，那就是慈爱的母亲；世界上只有一种美丽的声音，那便是母亲的呼唤。

一份最特别的祝福，给一位最特别的朋友——爸爸。虽相距遥远，但仍不忘寄上一份诚挚的问候，给您的生日晚宴增添一束别致的花。

爸爸，今天是父亲节，节日快乐哦。虽然有时您很凶，但是我知道您是爱我的。在这里祝您快乐、健康！

并不是只有在母亲节这一天才要“特别”去关心母亲，365天里，每一天都是母亲节。希望母亲能天天快乐，日日幸福。

没有您就没有我，就没有我春夏秋冬的欢笑，谢谢您给了我生命中美好的一切。母亲节快乐！

您的一生犹如一株燃烧的石榴，到了深秋，还向人们献出火一样的玛瑙珠。

在这一天，我仍然要抽空想一下，想想妈妈为我们做了多少事。您是永恒和未来，是浑圆的无始无终，让我的想念无时无刻，让我的祝福走进您的心底，感受您散发着的收获的芳香。

我经历过黑夜，我在这黑夜的航路上没有触礁，没有搁浅——因为有您这盏用心燃亮的航标灯。

父亲如阳光，予我刚强和热情，让我的意志得到磨炼；母

爱如月亮，予我温情与诗意，让我的灵魂得到洗礼。

母亲像丰饶的土地，我像土地上的一棵小草。母亲的给予是无尽的，而我的报答是微薄的。

每当我吐出这两个字——母亲，仿佛一阵暖流涌上心头，眼前总会浮现母亲慈祥的面容，彷佛感到她温暖的手掌轻轻握着我的手。母亲不愧是世界上最高贵的人。

世界上一切都是假的、空的，唯有母亲才是真的、永恒的、不灭的。

在我悒郁时，您给我以快乐；在我犹豫时，您坚定我的信念；在我孤独时，您给我关怀；在我动摇时，您给我前进的信心。我感谢您——敬爱的爸爸。

多少年来，您伴着我的梦幻，随着我的希冀，走了长长的路……您能永远与我同行吗？我亲爱的妈妈!

永不褪色的是您默默的关怀，无穷无尽的是您深深的爱心，祝福献给我最亲爱的妈妈，谢谢您——妈妈!那爱不会随着光阴的流逝而削弱，那爱将伴随我天涯海角，直到永远。

只要你吸吮过由母亲血肉化成的乳汁，你一生就不该忘记母亲山高海深的恩德。

没有太阳，花朵不会开放；没有爱，便没有幸福；没有母亲，这个世界既不会有伟人、也不会有英雄。母亲的恩德，永存我心。

在长夜的路上，看到前面的火光，那是希望；在寒冷的冬天，看到面前的火光，那是温暖。

父亲，您是我人生路上的火光，给了我希望，给了我温暖。

树木的繁茂归功于土地的养育，儿女的成长归功于父母的辛劳——在您博大、温暖的胸怀里，使我真正感受到了爱的奉献。

您是一块砺石，砥砺钢刀，磨利锋刃，即使耗尽自己，也在所不惜。

妈妈的美从不会随时间的流逝而黯淡，也不会随环境的变迁而衰老，她永远是我们心中不灭的星。

如果母亲是雨，那么我就是雨后的虹；如果母亲是月，那我就是捧月的星。

我敬仰海洋，因为海洋宽广；我崇拜蓝天，因为蓝天空阔；我更赞美您，您的心胸比海宽、比天阔。

您是经历风霜的枫叶，历尽悲欢，却红得更加鲜艳，愈显得襟怀坦荡。衷心祝您生命之树常青!

愿您的人生充满幸福，愿您在人世获得喜悦，永远沐浴在无尽的欢乐年华中。

生日最让人高兴的是，总有机会。对于像您这样的好人，

祝愿万事顺遂。

献上天天都属于您的真诚和爱心，献上声声祝福您的亲情。亲爱的妈妈，祝您生日快乐，永远快乐!

父亲，祝您事事如意，佳运数不清。生日百福齐至，专暖我父心。

母亲，今天是您的诞辰，诚挚地敬上三个祝福：一祝您安宁健康，二祝您称心如意，三祝您永远幸福。

致爸爸、妈妈：让我在句句叮咛的浸泡中长大，而我的丝丝微笑都是对你们的回报。祝你们平安、和睦、永远幸福！

在我需要您的时候，您总是在那里。这个节日是回忆您为我们做的一切美好事情的时刻。

如果您正站在岸边，如果您正望着大海，那一朵朵浪花，就是我的思念！——都是我的思念啊！

您对我用最真诚的心，您也教会我用真诚的心。每到这一天，我就感到您的赠予是格外宝贵的财富。

老爸！今天是父亲节，您不知道吧？祝老爸身体健康，生意兴隆，股票“变红”！

在欢庆父亲节的日子里，我衷心地祝愿您——我的老爸：在日夜辛苦中更添一份轻松潇洒。

母亲节给妈妈：谢谢您，为我做了那么多奇妙的事。这张卡片是我们自制的。它也许不是最棒的，但却是发自内心的。

一个人，最可怜的是无知，最可悲的是自私，最可敬的是拼搏；您和无知无缘，您摒弃了自私，您为的是拼搏，我可敬的人！

运动，是健康的源泉，也是长寿的秘诀。盼您天天锻炼，益寿延年。

“闲中觅伴书为上，身外无求睡自安。”望您清心静养，读书自乐，劳逸适度，体强身壮。

休息是我们的天然保姆。为了永葆青春，多作奉献，望您“一闲对百忙，年高身益壮”。

快乐就是健康，一种美好的心情，比十副良药更能解除生理上的疲惫和痛楚。

亲爱的爸爸、妈妈，每当孩子看到你们满面红光时，心里就像看到太阳一样高兴；而当你们脸上出现病容时，就像看到阴云遮蔽了阳光一样难过。爸爸、妈妈，请多多保重自己。

赠师长

ZENG SHIZHANG

老师，当我们谈论平凡与伟大时，首先想到的是您；当我们议论索取与奉献时，首先想到的是您；当我们指点现在与未来时，首先想到的还是您。你平凡而伟大，不图索取，只求奉献，乐于为祖国的未来耕耘。

每一个音符都闪着您的爱心，每一段旋律都融入您的深情。因为有您，我青春音乐才会如此清新。

教师是人类灵魂的工程师。

——加里宁

你们不仅仅是教课的老师，也是培养人的教育者，是生活的导师和道德教员。

——苏霍姆林斯基

传播知识就是播种幸福。

——诺贝尔

人生中最大的幸福就是一辈子有老师。没有比无师更不幸的了。不管你成为多么了不起的人和取得多么大的成就，没有老师的人是孤单的。

——池田大作

园丁的汗水，在绿叶上闪光；教师的汗水，在心灵中结果。园丁的梦境，常常是花的芳香、叶的浓荫、教师的梦境，常常是稚嫩的笑脸，琅琅的书声……

——巴特尔

教师好比一支蜡烛，不断地燃烧，消耗自己，照亮别人前进的道路；又像一支粉笔，散播智慧的种子，把知识传播给别人，而渐渐损磨着自己；又像一架梯子，让人踩着自己的

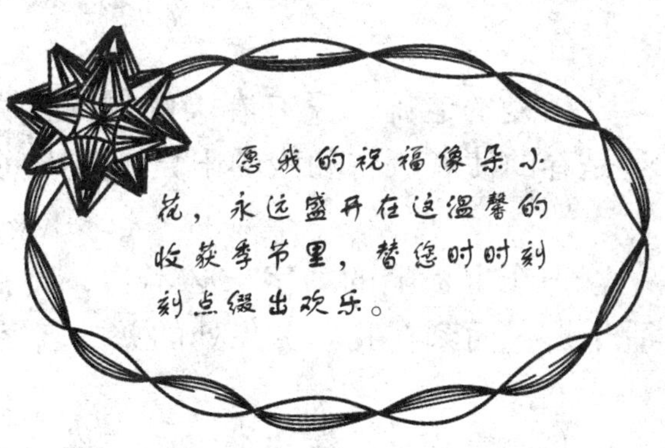

Silent Night, Holy Night

没有您，就没有工程师、音乐家、科学家……没有您，就没有人类的精神文明。您的职业多么光荣，赢得了全社会的尊敬。

肩膀攀上高峰，去采摘胜利的果实。

——罗国杰

您播种着春天的希望，播种着秋天的收获。在您播种的地方，流淌着爱的奉献。

您是一棵挺拔的树，曾结过成熟的果实，岁月在您的身上镌刻下苍老的年轮，您的身旁却崛起一片森林，郁郁葱葱。

长大了，我就成了您。我会把您作为我工作路上的航灯。在我们共同的节日来临之际，祝您步步高！

愿您减一份负荷，愿您添一份报酬，愿您少一份忧伤，愿您多一份快乐。

尊敬的老师，祝福您；敬爱的恩师，谢谢您。

敬爱的老师，没有春天的耕耘，哪来菡萏十里红。愿您永远是春的使者，将和煦的阳光洒遍人间。

刻在木板上的名字未必不朽，刻在石头上的名字也未必永垂千古，而刻在我心灵深处的您的名字，将真正永存。

我们喜欢您，年轻的老师：您像云杉一般俊秀，像蓝天一

样深沉。您有学问，还有一颗和我们通融的心。

或许有千里冰封，或许有万里雪飘，您的热情和温暖却使春天永驻我们心头！真诚地感谢您啊，老师！

往事在岁月的国度里，变成一页页金黄的记忆……祝您佳节愉快，事事顺心。

多想再一次注视您的双眼，多想再一次聆听您的教诲，多想再一次紧握您的双手，衷心道声“谢谢”，用我所有的真诚。

您常说：“秋天属于我，春天属于你们。”可在今天，我要说：“春天、秋天都属于您。”愿您节日快乐，馥郁芬芳。

虽然过了这么多年，可是我对您的敬仰依然如滔滔江水，连绵不绝……

本想用电话向您道一声节日快乐，但是是您一笔一画教我学会了写字，所以在这里我要用短信向您道一声“老师，您好！”

老师，灯光又亮了一夜，今天是您的节日，您不记得了吗？我在千里他乡献上我最诚挚的敬意：老师，一生谢您！

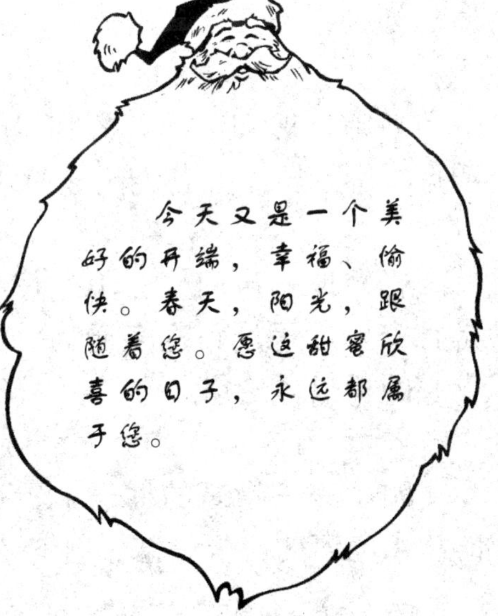

三年过去了，一切都变成了那昏黄色的画面。怀念操场，怀念教室，更怀念您，我的老师！教师节快乐！

鲜花、掌声、祝词表达了学生的心愿：老师，您辛苦了！学生祝您：天天“九·十”，永远快乐！

在这美好的节日里，我要用您教我写的字，用您教我的美好词句，为您写一首最美的小诗。

这一天，是您的自豪；桃李满天下，是您的骄傲；纯洁的师生情，是您最大的财富。

将殷殷的祝福，浓浓的谢意，借这张小小的贺卡，捎给在母校的您。祝福您在这如诗如画的日子里，永远平安，永远心怡。

距离您愈是遥远，思念愈是深切。师道永存，恩泽永念。愿您健康、平安、快乐！

老师，您知道吗，您在讲台上的形象好伟大，好迷人。希望您青春永驻，光芒四射，桃李满天下！

轻轻地一声问候，不想惊扰您！只想真切地知道您的一切是否安好。无论路途多遥远，无论天涯海角，我也要将这份最衷心的祝福送给您。

园丁——崇高的称号。看那枝头绽放的鲜花，是用您辛勤的汗水浇灌的。祝福您：桃李满天下，春晖遍四方！

老师，当我们谈论平凡与伟大时，首先想到的是您；当我们议论索取与奉献时，首先想到的是您；当我们指点现在与未来时，首先想到的还是您。你平凡而伟大，不图索取，只求奉献，乐于为祖国的未来耕耘。

每一个音符都闪着您的爱心，每一段旋律都融入您的深情。因为有您，我青春的音乐才会如此清新。

您不是演员，却吸引着我们饥渴的目光；您不是歌唱家，却让知识的清泉叮咚作响，唱出迷人的歌曲；您不是雕塑家，却塑造出青年一代的灵魂。老师啊，我们怎能把您遗忘！

每当夜幕降临，有一颗最亮的星星，映在您的窗帘上，那是您不眠的心。老师，您每天最后告别长夜，又最先迎来黎明。

如果您沉默，我会走近；如果您微笑，我会走来；如果您幸福，我会高兴；如果您痛苦，我会抚慰。

老师，您的眼睛是火、是太阳、是温暖的春风。同学们都说，这是爱的注脚。白色的粉笔灰，一阵阵地飘落在教室里。它染白了您的黑发，却也洗尽了我们身上的浮华，将青春的绿色映衬得更加繁茂。

一年中春天最美，一生中青春最美。给生命播洒春的希望的老师啊，您的心灵更美！

大海在欢腾，青山在欢笑；太阳在微笑，小鸟在歌唱！赞美您，为人师表，劳苦功高！

我歌颂粉笔，因为它教给我学问，塑造我的灵魂，引导我前进。可是，我的老师，没有您，粉笔又哪来的生命？

老师，人们常说是您培养了祖国的栋梁，但我却要说：您就是祖国的栋梁。正是您，肩负着一代代的希望！

博览群书，尊听众人；不分亲疏，无论尊卑；正直温和，幽默风趣。老师，这就是您生活的信条，工作的哲学，事业成功的奥秘！我们为有这样一位良师益友深感骄傲和自豪！

高举生命的火把，带领我们行进在知识的大道上。起点，早已在身后；终点，仍在遥远的前方。

您工作在今天，却建设着明天；您教学在课堂，成就却在祖国的四面八方。

让我为您欢笑，让我为您祝福。敬爱的老师，在您生日的今天，我的心跟您一样欢腾、快乐！

老师啊，如果我是春风，定要去追回那逝去的年华，让您的银丝变成黑发。愿您永远年轻，祝你节日快乐！

老师，如果没有你们辛勤的哺育，就没有我们绚丽的十六岁花季。

您是火把，温暖了我的心，为我们点亮了心中的灯。老

师，请收下学生这张自制的贺卡，感谢您授予的一切。

我敬爱的老师，您的教诲，犹如潺潺的清泉，在我心灵的河床里，从童年流到青年。

同您的心胸相比，一座高山只是一方界碑，一堆雪浪只是一块碎玉，一弯新月只是一个耳坠，万树鲜花只是一朵蓓蕾！因为您的心牵挂着千千万万像我们一样稚嫩懵懂的孩子。祝您节日愉快！

春天的玫瑰发芽，若不是受了太阳的照拂，怎能拥有娇艳的色泽？——啊，老师，您的教诲胜过那温暖的春阳！

往日，是您在我的心田播下了知识的种子，今天，才有我在科研中结出的硕果——老师，这是您的丰收！

忘不了您和风细雨般的话语，它们涤荡了我心灵上的尘泥；忘不了您和煦东风般的叮咛，鼓起了我前进的勇气。老师，我终生感谢您。

教师，一个默默无闻的园丁，松土、浇水、整枝、剪杈，种一园烂漫的鲜花，织一地的青春、希望……

一滴滴水珠在鲜花上可以折射出太阳的七彩，一句句鼓励的话语在我的心头永远荡漾。

在上学的时候我就默默无闻，但是出于对您的尊敬，现在我不能再沉默了，我要说一声：老师您好！

一年365天，您为我们的学习操心，为我们的失意揪心，为我们的前途担心，一年365天您全都给了我们。老师，在新年到来之际，请接受我们365个祝福。

给我身躯的是父母，滋养我灵魂的是您——敬爱的老师！

有人说，母亲把天地的精华吸入体内酿成乳汁，献给自己的孩子。我说，老师把人类的经验吸入心中化为知识，献给自己的学生。

愿您，辛勤培植事业的花圃；愿您，永远怀抱生活的芬芳。

老师，有您的教诲训导，我得以茁壮成长。谢谢您！祝福您！

您送走一批又一批的学生。您的皱纹深了，您把美丽的青春给了我们；您的眼睛花了，您把明亮的双眸给了我们。

您把阳光播撒进我们的心田，因为您的心中装载着春天。

您一定希望我学习进步，让我也祝您教学成功。您的成功是我进步的保证，我的进步是您成功的证明。

人生美好，敬爱的老师，是您把我们引进这纯净的世界。

敬爱的老师，没有春的耕耘，哪来荷红十里？愿您永远是春的使者，将和煦的阳光洒满人间。愿您在爱的沃土中，尽享桃李满天下的幸福。

敬爱的老师，是您用生命的乳汁，为我们谱写了绿色的旋律。是您用满腔的热情，栽下了一片绿荫。请收下我炽热的心，祝您永远健康欢乐！

可知道？是您，在我心灵的小溪旁，栽下了第一行垂柳；可知道？那绿荫，至今还在溪中漂，那绿叶，至今还在溪中荡。

您把自己的光明，浓缩成太阳，天天挂在我们的头顶。感谢您，老师！

没有鼓掌，没有喝彩，从科学家到领袖，却都是您的学生。老师，谁能代替您的位置？

在您的抚育下，我们长出了羽翼丰满的翅膀，在祖国的蓝天翱翔。无论我们飞得多远多高，耳畔总有您的教导在回响！

多少日子的教诲与关怀，您为我点燃希望的光环，丰富我心灵的智慧，感谢并祝福您。

一支粉笔，指点知识王国的迷津；一块黑板，记下老师无限的深情；一个讲台，衬托出老师高大的身影；三尺教鞭，开辟通向理想的路程。

老师，感谢您用爱复苏了我的自尊，哺育了我的自信，点燃了我的理想之火，催我踏上新的征程。

您的满腔热血，铸成了人类的灵魂；您用知识的泉流，浇

灌祖国的花朵。在这丰硕的金秋里，祝福您——老师！

多谢您悉心地栽培，长期的关怀指引，让我们增加了很多知识，了解了做人的责任和原则。我们能有今天的发展，全仰仗敬爱的老师，祝老师节日快乐！

在永远的将来，无论我成为了挺拔的乔木，还是低矮的灌木——老师，我都将以生命的翠绿为您祝福！

蝴蝶翩翩飞来，在春天的花朵上，在天空和大地之间，写下了一行行的诗。赞美春天的使者，赞美辛勤的园丁。

教诲如春风，恩情似海深。教诲如春风，日日沐我心。桃李满天下，师恩如海深。

不管是白昼还是夜晚，我都会在心中珍藏着您给予我的那片燃烧的阳光。我将为这珍贵的拥有而永远骄傲！老师，我诚恳地祝福您。

像天空一样高远的是您的胸怀，像大山一样深重的是您的恩情。老师，请接受我诚挚的祝福！

面对壮阔的大海，让我们向您庄严地宣誓：请您放心吧，亲爱的老师！没有什么风浪能挡住我们青春的脚步！愿您永远健康，愉快，幸福！

老师的胸怀，是知识的大海。我驾着小舟，尽情地撒网捕捞。江河，把我们推向浩瀚的大海；曙光，给我们带来明媚的

早晨；亲爱的老师，您把我们引向壮丽的人生。

人生的旅程上，您为我点燃希望的光芒，丰富我的心灵，增添我的智慧。谢谢您，老师！

您是水，滋润了我们这些幼苗；您是火，点燃了我们的心灵；您是光，照亮了我们的道路；您是热，温暖了我们的心灵。

老师的心，永远是我们温暖的巢。

恩师掬取天池水，洒向人间育新苗。

为了下一代，您像蜂、像蚕，酿造甜蜜，吐尽银丝。

园丁，您用心血浇灌了幼苗，在繁花似锦的园圃里，到处都有您亲手培育的奇花异葩的光耀！

您从不轻易许诺，因为许了诺您就一定会履行。我的师长，您教给了我生活中最珍贵的东西——守信。

老师，是您教会我们，张开羽翼，在阳光下，向着理想的明天飞翔。

老师，沃肥的绿叶，娇美的花瓣，都出自您辛勤浇灌的春天。阳光、雨露，赐予我新的生命。兹托绿叶，捎去我衷心的祝福。

传播知识，就是播种希望、播种幸福。老师，您就是这希望与幸福的播种人！

老师，您是美的耕耘者、美的播种者。是您用美的阳光普照、用美的雨露滋润，我们的心田才能绿草如茵、繁花似锦！

您为花的盛开、果的成熟忙碌着，您像默默地垂着叶的绿荫！啊，老师，您的精神，永记我心！

您多像那默默无闻的树根，使小树茁壮地成长，又使树枝上挂满丰硕的果实，却不要求任何回报。

五十寿辰，三十教龄，这数字本身就是一首诗，丰富的底蕴彰显着您对教育事业的一腔忠诚。

您给了我们一把生活的尺，让我们天天去丈量；您给了我们一面模范行为的镜子，让我们处处拥有学习的榜样。

您是大桥，为我们连接被割断的山峦，让我们走向收获的巅峰；您是青藤，坚韧而修长，指引我们采撷崖顶的灵芝和人参。

杯中的酒，炽烈、透明，点燃激情，呼唤灵感；比酒还热烈的是我心中的诗潮，把它献给我的老师。

世界由于您，才拥有了火样的热情；人生由于您，才显得壮美和绚丽，才有了缤纷的梦境。

蜜蜂，一生都在采集甜蜜；而您，每天都在开掘光明。

老师，您从不炫耀自己，把荣誉送给树，把赞美让给花。

亲爱的老师，看大海多少次潮退浪又起，看大海多少次波平涛又涌，只有您——老师，拥有海的无私和耐性。

讲台上，书桌边，寒来暑往，洒下心血点点；润花蕾、育桃李，春华秋实，拳拳赤诚一片。

为孩子，为事业，您献出一片赤诚的心。老师，您是世界上最好的母亲！

当了您三年学生，我明白了：原来阳光是这样照亮人生的，雨露是这样滋润花木的！

您的岗位永不调换，您的足迹却遍布四方；您的两鬓总有一天会斑白，而您的青春却千百年不衰。

夕阳无限好，美哉彩霞飞。您老当益壮，为教育事业发挥余热，个个赞颂，人人称道。

老师，您是海洋，我是贝壳，是您给了我斑斓的色彩。

老师，您是慈祥的母亲，在怀抱里哺育希望，在摇篮边培养文明；驱走了愚昧，唤来了智慧，精心雕琢一颗颗美好的心灵。

您在孩子的天真中寻找着友情，我从孩子的笑声里看到了您的爱心。

在今天和明天之间架起金桥，在现实和理想之间铺设跑道。啊，教师的事业多么崇高！

老师，您像霞光，又比霞光更璀璨、更辉煌。霞光只伴红日行，您却不舍昼夜，不分阴晴，时时温暖着我们的心。

愿我这小溪的乐音，会永远在您深邃的山谷中回响。

为孕育果实，花儿在静静地贡献生命；为培养我们，您在默默地耗费心力。

双手扶持千木茂，慈怀灌注万花稠。

先生的心灵像雪白的花一般纯净，先生的人格像参天的青松一般高洁。

在人生的十字路口，是您向我伸出了热情的手。那手是路标，于是我从彷徨中坚定，从思索中清醒。永远感谢您，我敬爱的老师。

从您的琴上流出了色彩，那是美，融进了生命；从您的琴上流出了音符，那是智慧，把人的心弦拨动；从您的琴上流出了爱，那是春天，给人深情的祝福。老师，谢谢您！

为了寻找大海，小溪在千山万壑之间永不停歇地流淌，曲曲折折地前进。亲爱的老师，您对事业的追求，多像这不尽的溪水呀！

春天的花园中鲜花如云，那是园丁汗水和心血的结晶。广

衰的原野幼树成林，那是老师平凡而伟大的功绩。

亲爱的老师，在我心中珍藏着您深邃的目光，它像两股清泉，奔流在我的心田。于是，那里有了绿的草、红的花、嫩黄的迎春、洁白的幽兰……

经年教益如清泉，涓涓细流注清泉，殷殷师爱胜似母，眷眷情意记心间。

我们是花，每一朵热烈地开放，都是对您最好的慰藉。

一切过去了都会变成亲切的怀念——老师，我怀念中学时代，怀念母校，怀念您。

如果时光能倒流，让我重新回到学生时代——亲爱的老师，多么想再聆听您那语重心长的教诲。

电扇，为了送人凉风，宁可烧热自己；砂轮，为了刀刃锋利，宁可献出自身。老师啊，您不就是这样做的吗？

老师的话语如同春的脚步，走过一路，便勃发红花绿草；又似美的琴音，在我们胸中萦绕，启迪我们的智慧，陶冶我们的情操。

海水退潮的时候，把五彩的贝壳留在沙滩上。我们毕业的时候，把诚挚的祝愿献给老师。

踏遍心田的每一角，踩透心灵的每一寸，都是对您的敬意。

别后，漫长的岁月，您的声音，常在我的耳畔响起；您的身影，常在我的眼前浮现；您的教诲，常驻在我的心田。

今天，我在遥远的地方，把您给予我的昨天，折叠成记忆的小船，任其飘荡在思念的心湖里。

即使我两鬓斑白，依然会由衷地呼唤您一声——老师！在这个神圣而崇高的称呼面前，我永远是一个需要启蒙的学生！

您推崇真诚和廉洁，将此视作为人处世的准则。您是我们莘莘学子心目中的楷模。

您的教诲，是爱的清泉，将在我心灵的河床里，从童年流到青年，直至永远。

月亮的光辉是太阳赐予的，我心中的光明来自于您——老师！

我不会忘记您的一份爱心，在我忧伤的日子里，是您拨开了我心头的乌云，给我送来了明媚的春光。您给了我灿灿如金的生活真谛，经过岁月的磨洗，弥久而愈明。

老师，我最不能忘怀的是在我犯错误时，您那忧虑的目光；在我有进步时，您那欣慰的笑容。

因为您的一片爱心的灌浇、一番辛劳的耕耘，才会有桃李的绚丽、稻麦的金黄。愿我的谢意化成一束不凋的鲜花，给您的生活带来芬芳。

有人说，您像蜡烛，照亮别人奉献自己，我要说，照亮别人的火焰会永远燃烧；有人说，您像石子，默默地铺筑历史的跑道，我要说，铺筑大路的石子，与青山一样不老。

梯子总是挺直自己的脊骨，给攀登者以上升之路。老师，您就是那甘愿让人踩着肩膀向上攀援的人梯。

没有喝彩，没有鼓掌，从科学家到国家元首，都是您的学生。老师，我们铭记您的功绩。

一粒种子怎能发芽？一棵小苗缘何挺拔？因为有您的消耗作为代价。

有一道彩虹，不出现在雨后，也不出现在天空，它却常出现在我心中，提醒我认认真真地做事，清清白白地做人。

悦耳的铃声，娇艳的鲜花，都受时间的限制，只有我的祝福永恒。永远永远祝福您，给我智慧之泉的老师，将我丝丝思念，化作殷殷祝福，捎给远方的您，曾经给我阳光、雨露、春风的老师。

雨季是一个生命的阶段，阳光是一个生命的希望，您是我的雨季、阳光，您是渺渺晴空、浩浩大海，您让我学会平静、淡泊、安祥。如今，天空已经成为我们的领地，而我们永远都不会忘记：是您给了我们飞翔的信念和力量。老师！我向您致以十二万分敬意。

河流唱着歌很快地流去，冲破所有的堤防。但是山峰却留

在那里，忆念着，满怀依依之情。

您有一颗童心，永远和青春结伴。谁说您上了年纪？您的生命将永远年轻！

您的声望是生命与膏血的凝聚，是知识的乳汁奉献予社会而得到的荣耀！

您的眼睛是海，是水，是温馨的风。同学们说，这是爱的注脚。

我不是您最出色的学生，而您却是我最尊敬的老师。在您的节日里，我要把一份崇高的敬意献给您。

我是一叶轻舟，您教我在知识的海洋里航行；我是一只小鸟，您教我在理想的蓝天中翱翔。亲爱的老师啊！您教我做人的准则、生活的哲理。您德高望重，对于您的恩情，我没齿难忘。敬祝老师健康快乐！

太阳无语，却放射着光辉；高山无语，却体现着巍峨；蓝天无语，却表露出深远。老师，您勤于作而寡于言，这些都显示着您的不凡、您的广博、您独特的风度、您独具的品格！

教我、育我、诲我、爱我……

我永远感谢您、祝福您！

您赠我一幅画卷：旷远的天，斑斓的云，结实的地。我从中看到了远大的目标，美好的希望，踏实的作风，谢谢您！

把精魂给了我，把智慧给了我，把母亲般的爱给了我。老师，您只知道奉献却从不求索取，我怎能不向您表示由衷的谢意？

老师，您似人梯，又似春蚕，如慈母，又如园丁，人们衷心地祝福您，永远年轻、永远幸福！

山村里有您的身影，黄土地上留下了您的足迹，校园里有您的笑影。您把青春献给了我们，却把一头白发留给了自己。谢谢您，老师！

您如那山间百合，独自荣枯，无以为感。盛开时不矜夸，衰谢时不悔恨。清雅留芳，归于永恒的春天！我们永远崇敬您。

与我们在一起，您将永远年轻！这也是种幸福吧，老师！

惦记着往日的笑声，忆取那温暖的经历，一份真挚的祝福，代表一份赤诚的心意。愿世上最美好的一切，永远属于您！

从遥远的地方，让秋风捎去我深深的祝福和浓浓的谢意。愿您教育的学生，人才济济，精英辈出。

卡片虽小，用词不多，但都将我衷心的感谢带给你，敬祝老师节日欢乐！

时光转眼流逝，世界物换星移；又是一年初始，敬祝教学顺利。

老师，离别虽然长，但您的形象仿佛一个灿然发亮的光点，一直在我的心中闪烁。

您给了我一颗最明亮最珍贵的宝石，这就是信念。于是，希望就此展开翅膀起飞……

美，美不过草原；阔，阔不过蓝天；深，深不过大海。敬爱的老师啊，您的胸怀，就像草原一样美丽、像蓝天一样宽阔、像大海一样深邃……

将思念编成一个花篮，送给您——我亲爱的老师！

适时、适量的给予，这是一个好园丁的技艺。我的老师，这也正是您的教育艺术。

毫不吝惜地燃烧自己，发出全部的热、全部的光、全部的能量。老师，您像红烛，受人爱戴，令人景仰。

一切过去了的都会变成亲切的怀念，一切逝去后方知其可贵。我怀念那段您带我们走过的时光。

老师，您是宁静的港湾，带着祝福，送我们驶出港，扬帆远航。

一个和孩子长年在一起的人，他的心灵永远活泼得像清泉。一个忘我劳动的人，他的形象会在别人的记忆中活鲜。一个温暖别人的人，他自己的心也必然会感到温暖。

老师啊，您言传身教，育人有方，甘为人梯，令人难忘！

亲爱的老师，您那赤诚的爱，唤醒了多少迷惘，哺育了多少自信，点燃了多少青春，催发了多少征帆……

面对壮阔的大海，让我们向您庄严宣誓：请您放心吧，亲爱的老师。没有什么风浪能挡住我们前进的脚步！

失败、挫折时的鞭策，成功、进步时的勉励——您的教诲我们终生铭记。

天黑了，我得到了您的眼睛；天亮了，我离不开您的目光。

老师，请接受我衷心的祝福，这一束康乃馨表达了我对您的崇敬，那一束满天星，就像您桃李满天下的学生感激的笑脸。

服饰依旧，容光依旧。您那熟悉的板书、熟悉的声音，将我们的思绪牵向往昔的学生时代。

老师，瑞雪纷飞飘入您的生日，我剪来窗前的寒梅一枝，献给您。因为在寒梅的姿影里我看到了您的精神。

我敬爱的老师，愿所有的欢乐都陪伴着您，愿所有的幸福都追随着您！秋天的时候，我会带着硕果来看望您。

世界由于您，才拥有了火样的热情；人生由于您，才显得壮美和绚丽；我们由于您，才能够茁壮成长。永远祝福您的生日！

赠友人

ZENG YOUREN

人生最宝贵的是生命，

人生最需要的是学习，

人生最重要的是工作，

人生最愉快的是友谊。

再长的路也会有尽头，千万不能回头！

再沮丧的时候也该怀有希望，千万不可绝望！

真诚的、十分理智的友谊是人生的无价之宝。你能否对你的朋友守信不渝，永远做一个无愧于他的人，这就是对你的灵魂、性格、心理以至于道德的最好考验。

——马克思

友谊是联结两颗同类心灵的纽带，它既被双方的力量联结在一起，又是独立的。

——巴尔扎克

正如真金要在烈火中识别一样，友谊必须在逆境里经受考验。

——奥维德

重新恢复的友谊比那些没有断裂过的友谊需要更多的悉心照料。

——拉罗什富科

真诚的友谊如同完好的健康，其价值往往只有在失去之后才被意识到。

——科尔顿

所谓友谊即人与人之间的一种良好的关系，其中包括了解、欣赏、信任、容忍、牺牲……诸多美德。

——梁实秋

友情是一种最需要用心积蓄和保存的财富。

——罗　兰

友谊需要忠诚去播种、热情去浇灌、原则去培养、谅解去护理。

——刘　吉

“朋”是两轮心心相印的月亮，“友”是两只紧紧握在一起的手，这就叫朋友。

人生中最有价值，最值得回忆的莫过于纯真的友谊。让我们共同珍惜吧!

幸福的真谛是：用自己的真诚劳动使别人得到快乐，从别人的笑脸中使自己得到慰藉。

希望我俩在生命的海洋上永远同驾人生轻舟，追逐时代的浪花。

海阔凭鱼跃，天高任鸟飞。让我们同心协力，扬起事业的风帆，驶向成功之路，去开创远大前程。

如果说友谊是一棵常青树，那么，浇灌它的必定是出自心田的清泉；如果说友谊是一朵开不败的鲜花，那么，照耀它的必定是从心中升起的太阳。

朋友，绝不能像蒲公英那样，无风时围簇一团，有风时便散乱无定。

一个人一旦获得了友谊，困难与痛苦会成倍地缩小，快乐与幸福会成倍地增加。

世上最珍贵的不是财富，而是一份真挚的情谊。因为财富并不能永久，而知己却是一生难得的相遇。

友谊的表达不是用嘴，而是用全部的生命来证实；友谊的接受不是用耳朵，而是用整个心灵去体验。

朋友，你是一只真正的鹰，在与暴风雨的搏击中接受洗礼吧!

十分羡慕你的生活原则：令工作成为一种娱乐，而让娱乐变成一种工作。你真是世间最快乐的人。

你我之所以成为朋友，那是因为从你身上，可以见到一个我；从我的身上，可以寻到一个你。

人活着，不仅是存在，而是真正按照自己的意志和理想生活。燃烧吧，有理想的人，有一分热，发一分光。

十分赞赏你那有如镜子的个性：宁愿粉身碎骨，也不歪曲事实真相。

在欢乐时，朋友们会认识我们；在患难时，我们会认识朋友。

美好的事物总是无常，包括成功的机遇和命运的垂青。我们平凡的一生里，能堪几次错过?

“同声相应，同气相求”共同的人生志趣把我们紧紧连在一起。

谦虚是最高的美德。在人生道路上，谦让三分，就能天地宽阔。

我什么都不求，只愿像你一样机灵与聪明；我什么都不要，但愿如你一般纯洁与真诚。

当你无私地奉献出一切时，幸福的光圈也就降临到你的眼前，因为这世间真正的幸福，不是接受而是给予。

让我们手牵手，彼此将一切欢乐和幸福给对方！我祈祷上苍，让欢乐时时刻刻充满我们的时空！

在友谊的氛围中，人们感受到春天的滋润、夏日的凉风、秋天的气爽、冬日的阳光。

缘分，让我们相识；爱心，让我们相知。只要我们记住这份情，世界将变得很小、很小。

驾着时间的金车奔驰吧，朋友，你的前途阳光灿烂，铺满锦绣！

茫茫人海中，我们相聚又分离，但愿我们的友谊能超越时空，随岁月不断增长。

朋友，何必吃惊！如果停留在你头上的，是雷电交加的乌云，那么，雨过天晴时，一切又都会恢复平静。

今天，我们在课桌前分手；明天，我们将在人生的道路上

手挽手。

临别赠言朋友有六字，愿君听取：节欲食，慎言语。

美丽的青春是一团火，是一首歌。年轻的朋友，我赞美你拥有这样的青春。

世间最宝贵的就是今天，最易丧失的也是今天；愿您在未来的一年中，无限珍惜这每一个今天。

如果友谊是一朵美丽的鲜花，你我便是轻盈的花瓣；如果友谊是一首悦耳的歌曲，你我便是那美妙的音符。

很远了，还看到你挥动的手，也许不是你，但我宁愿相信是你。

假如你自己心里有烦恼时，不要去听人间嘈杂的合唱，你只能倾听你心灵的声音告诉你的事。

夹在书中的小花，已经枯萎；而友谊之花，却在我们心中长久地开放，散发着幽幽的清香。

人与人，贵在彼此理解，那么，让我们将心去比心，以心去换心。

那以往的同窗生活，似一串糖葫芦，那迷人的甜与酸，将永远回味不完。

十五的月亮，那么明亮，那么皎洁!愿你的生活，也像这良宵美景，美满、幸福!

愿我真挚的友情是你最信得过的医生，愿这位最体贴你的医生能使你心灵的伤口愈合，感情的痛楚消减，一切都恢复平静……

我无法让时光留步，但愿问候与祝福，永远留在你的心中。

朋友，没有必要总把自己浸泡在粉红色的世界里。请扼住绿色的今天，为金色的明天努力吧！

我愿化作一片绿叶，点缀你的瀚海。我愿化作漫天雪花，覆盖你干涸的土地。

是你的一支歌，绿了我心灵的荒漠。

波涛在翻卷，那是你在我的心中荡桨；浪花在撞击，那是你在我的面前歌唱。

你那小小的一叶扁舟，怎堪载许多愁？我可不可以为你分点忧?

只有你理解我的诗，只有你才能照亮我的心。

只要我看见你，就感到有阵阵清新的风，向我身周轻轻地吹来，让我变得飘逸脱俗。

我渴望与你合唱，唱一首无言的甜美的歌。

我愿做你的一张书签，夹在书籍中间，伴你灯下共读，品味生活的酸甜苦辣。

明月装饰了你的窗子，你装饰了我的梦。

让我变成快乐的鸟，飞进你的心房，使你永远快乐。

送给你一束花，愿它能温暖你的心窝。

这是我生命中令人喜悦的发现，在旅途的每个转弯处，都有位朋友用强壮的手臂挽着我，分担重负，助我向前。

将一束诚挚的心花，插到你的心底；拨动心灵的琴弦，唱出我的心声。

友谊的甜蜜不能言表，要用心去品尝。

真实的心心相契的友谊，是人生中最美好的无价之宝。

真诚的友谊，是一株成长缓慢的植物，必须承受各种灾难，才能得到这个称呼。

朋友之间，在一些时候，也需要说上一句：您是我的好朋友。

有一天，当我老得唱不了，也走不动了，我心里的花园，也会栽满芬芳的记忆。我还要献上最诚挚的祝福。

绝壁上的灵芝可以采得，人间的知己却难寻觅。

在这世界上，不论我再活几十年，结识多少朋友，我都深信再也找不到另一个你。

假如我是一颗星，便送你一束光，虽然它很淡很淡，却是我生命的火焰。

愿盛开的玫瑰，给你带来永恒的春色。

你我和着同一首旋律，你我共拨同一根琴弦。

人生最宝贵的是生命，人生最需要的是学习，人生最重要的是工作，人生最愉快的是友谊。

再长的路也会有尽头，千万不能回头！再沮丧的时候也该怀有希望，千万不可绝望！

友情是春天的花蕾，蕴含着浓郁的芳香。

人生最美好的东西就是友谊。

唯有友情的光辉永不磨灭，历久不衰。

把心灵结合在一起的友谊是温柔甜蜜的。

匆匆揭过的是人生的扉页，长驻心间的是无价的友情。

悠悠岁月不能冲淡，连绵山川不能阻隔的是对朋友的思念。

我们在海滩上漫步，每一步都写下新的诗句；当浪花扑上滩头，大海便收集了美好的希冀。

平静如镜的水面——坦荡，淡蓝逶迤的远山——清丽，这就是呀，你的胸襟、你的面容！

获得你神圣的友谊是我最高希望中的第一线晨曦！

你我只是人间的过客，请珍惜这短暂的相逢，让我们手牵手，心连心，共同迈向明日的希望和理想。

没有目的地找寻，也许只是应付空虚；如果你能回到这里，我就让痛苦的记忆随风而去。

友谊有如一朵小花，需要双方小心地培育。

在我们的一生中，常面临无数的取舍，而在取舍之间，需我们斟酌再三。多一分慎重，增一分明确的辨别；多一分珍惜，也必然少一分悔恨。

友情犹如花朵，精心培育就会鲜艳美丽，任意摧残就会枯萎凋谢。

真诚的友谊犹如健康，失去时才知道它的可贵。

但愿欢乐的脚步不要匆匆走过，让它驻足在你我心田。

失去的未必就失去了，得到的未必就得到了，何必到处去寻寻觅觅？不如珍惜旧谊，细细品味。

你是在凝思，还是在怀念？你是在仰望，还是在企盼？总之，你是在编织——编织着心灵的花环。

播下友谊的种子吧，你收获的将是欢乐和温馨。

如果有一天，我迷失在风雨中，我知道你会为我疗伤止痛。也许我们的世界，终究有一点不同，可我知道你将会陪我在风雨中。

多少诉说不尽的心语和思念，多少日日夜夜的盼望和等待，都在声带里凝成了一句话：朋友，你是否依然如昔？

让我们，在友情的歌声里逍遥；愿友谊，永远伴着光辉的朝霞、灿烂的夕照。

说什么无边的苦海，只要驾起理想的白帆，你紧紧地掌舵，我紧紧地拉帆，还怕什么浪儿盖顶，船儿倾翻？坚定的意志便是制胜的力量，向前、向前，定能到达彼岸。

蝴蝶在窗外召唤，青春在野外等待，这世界充满了温柔和芳香。来吧，朋友！让我们共同沐浴明媚的春光。

朋友，何必再为冬天的严寒颤抖。看，窗外不又绿了枝头！

在你孤寂的时候，让我为你唱一支梦幻般的小夜曲……

朋友，不要学花儿，只盼严冬过去，要学小燕儿，衔着春天飞来。

当我犯错误的时候，需要有你这样的朋友告诫我，否则我会一错再错的。

友谊不能买，要靠忠诚去换取。

世上唯一无刺的玫瑰，就是友谊。

一个人如果能把他的感触和他的朋友们共享，纵然无酒，也是愉快的。

“再见”不是一个结束，而是开始。它能让你去结识新的朋友，实现新的梦想。

“再见”不代表失去，因为我的心中一直拥有昨日的一切。

感谢你一直做我的朋友，我会思念这里的一切。让我们鸿雁传书，保持联络。多少诉说不尽的心语和思念，多少日日夜夜的盼望和等待，都凝成了一句话：朋友，你是否依然如昔？

让我们，在友情的歌声里沉醉；愿友谊，伴着明媚的朝霞灿烂。

友谊是一份珍贵的礼物，比世界上的任何珍宝都更值得珍惜。

一个人往往会在最奇怪的时候、最奇怪的地方，和一个最想不到的人变成朋友，甚至连他们自己都不知道这种感情是怎么来的，这就是友情。

非常感谢你对我的帮助。虽然很艰难，但有你这样的朋友，相信我能渡过任何难关。感谢上帝赐给我像你这样的朋友。

请不要说抱歉，也不要说无奈。昨天就让它过去，应当重视今天和未来。

朋友，别在回忆的岸边久留，昨天已过去，我们应往前走，让锈了的断锚沉入海底吧。看，矫健的海鸥搏击着浪花！

昨天已经过去，请不要为它追悔；今天如果仍旧怯懦，会带来终身遗憾。

泪水是浇不出花朵来的，饮泣只能使自己受到更大的伤害。面对现实，展望未来，幸福之花必能再开。

人生难免失意，挫折有时是那么偶然，关键是坚定的追求，不要使心归于寂灭。

景物依旧，不同的只是心情。收拾起多愁善感吧，生活还是如同往日般美好。

挚友，让我们期待今年——一个风调雨顺的丰年，在心灵上有新的领悟，在拓耕的园地上有新的收获。

对往事的追思，只是重温幻灭的温柔，岂不陷入自我折磨？未来虽然喜忧难卜，却等着你去开拓！

只要不降下前进的风帆，你一定会抵达成功的彼岸。

打开你的门，向新朋友开放！丢开过去！丢开烦恼！

当友情和风雨同行，不要躲避，不要后退，要让脚下的路继续延伸。

不要牵挂，不要咀嚼苦涩的离情，我会托南归的风，把五月的信息捎回故乡，给你，我的朋友。

美丽的彩虹在雨后，真正的友谊在别后。

原想冲淡离愁，赠你临别的宽慰，原想笑得自然、甜蜜，谁知竟是苦味。

在握别的时刻，千言万语堵住喉头。心里想说：以前的日子请珍惜，口中却道：善自保重，我走以后。

请原谅我的冒昧，引起你不想忆起的回忆；还请允许我，无声地唱着往昔的歌儿。

一个不善幽默的朋友，是一个我乐于接待的朋友；一个善于幽默的朋友，是一个我乐于上门的朋友。

欢乐时不要过分炫耀你的欢乐，悲伤时也不要过分夸大你的悲伤。现实往往并不像你想象的那么好或那么糟。

我想，对于朋友，除了背叛，没有什么过失是不可以宽容的。

一味的顺从会失去自我，一味的拒绝会失去朋友。

真诚的友情不论在什么时候都是真诚的。虚假的友情一遇上一些情况，立即就显露出其虚假。

如果想使友情保持长久，重要的一条是有时要和朋友保持适当的距离。

朋友落难的时候，主动伸手去拉他一把；自己倒运的时候，尽量不去麻烦朋友，这是交友之道。

虽说别去万里，我又怎会将你忘记？明月听得见我的叹息，在天天更深人静的夜里。

啊，多么神奇！一道温存的目光，一句由衷的话语，就能让我有勇气忍受生活中的磨难和委屈。朋友，请让我感激你！

兄弟是上帝赐予的，朋友是自己挑选的。我选择了你——耿直、坦率、热情、诚恳的好朋友，并以有这样的挚

友而荣幸。

孤独是最意味深长的赠品，受此赠礼的人，从此学会爱自己，也学会了理解别人孤独的灵魂和深藏于它们心中深邃的爱。

世上心与心之间的路最难走，唯其艰难，才显出理解的宝贵！

仿佛跋涉在浩瀚无垠的沙漠，蓦然一片绿茵茵的芳草，一眼清凉凉的泉水。啊，这芳草，这泉水，便是你，便是你的友情！

友人啊，让往日夕暮中那些甜蜜的低语，都埋在心底，化作美丽的记忆吧！

能把心割碎分赠给他人，你会赢得更多的朋友，多一个朋友多一个世界。蓦然回首，你已不再是孤寂的独行人。

我什么都不求，只愿像你一样机灵与聪明；我什么都不要，但愿如你一般纯洁与真诚。

你是一首小诗，抒情是你的本质。我相信，你的前程将开满鲜艳的花朵，散发最迷人的青春气息。

为了年轻，为了欢笑，让我们彼此祝福、彼此珍惜。

最难忘的好友像朵鲜花，散发友谊的芬芳。说声珍重，那声珍重中有甜蜜的回忆和祝福。

你是我所有朋友中最与众不同的一个，所以我要送你一个“与众不同”的祝福。

如果没有梦，睡眠再甜又有何意思？梦中没有你，梦境将会黯淡无光！星光灿烂的夜晚，你可曾想起远方的故友。

你是否已把我珍藏？不然为何你的微笑总在装饰我的梦，留下绮丽的幻想。

年轻是常保持开放的心灵，年轻是常盼望明日的美景。只要你的心灵时时感受到爱、美、希望、快乐和勇气，它就永葆青春。

我喜爱你那有如白杨树的个性——伟岸，坚挺，正直，质朴，也不缺乏温和。我以有你这样的良师益友而深感幸福和快乐。

这张纸，实在小，哪里能够让我尽情抒写？这张纸，又实在大，多少美好的情谊都留在上面。

啊，朋友！岁月的道路上，时间的枯叶早已盖严了我们的足迹。为什么，心中的这一缕温馨，却一天天地在扩大？

如果林子里有两条岔路：一条芳草萋萋，不曾被践踏；一条足印斑斑，有许多人走过。朋友，你将选择哪一条？我相信你会踩出一条新路。

我们在轻雾缭绕的清晨分别。露，莹莹的，像你纯真的眼睛；雾，蒙蒙的，像我浓浓的离愁。

我要揽住回忆，珍惜你我过去的温馨；因为心灵没有皱纹，常驻永不衰退的青春。

多想飞到你身旁，化作台灯一盏，伴你在知识的路上夜征，变为笔杆一支，让你握在手中——吐蕊生花。

夜色正浓，我在岁月的河面上舀起了一个甜甜的梦，这梦里盛的竟都是你的笑貌、你的音容……

苦别难言情意深，长河渐落晓星沉。愿将思念寄明月，碧海青天夜夜心。

虽只是一句轻柔的祝福，却是我的心声；虽只是一份寄语，却牢系我俩的友谊。

纵然岁月流转，空间分隔我们，时间冲走了你我，“关怀祝福”之心却始终长伴左右。

有些诚挚的友谊不需太多言语。一声问候，一句关怀，流露着真情，交织在彼此的心灵，就能使友情涓涓长流。

真心送你一叶轻舟，把我的友谊装进白色的船舱，扯起风帆随风送进你的记忆。

拥有一份美好的友谊，便永远拥有一份鲜美的祝福。

地球上一切美丽的东西，都源于太阳；而世间一切美好的东西，都源于人间的真情。

朋友，请相信：一切暂别的都要重聚，一切遗憾的都要圆满，一切看来分隔的却不可分开。

莫只沉浸于往日的欢乐，还要想到未来的拼搏；莫陶醉在已有的成绩中，要再接再厉，开拓未来。

今日是过去的终结，未来又从今日开始，朋友：愿你的过去灿烂，祝你的未来辉煌。

当世人都疏远我，那时仍在我身边的人，就是我真正的朋友。

“人生得一知己足矣，斯世当以同怀视之。”在我春风得意时，你并未对我“锦上添花”，却在我受苦受难时“雪中送炭”，你真是我情逾手足的忠实好友！

快乐些，天涯何处无芳草！

找点时间交朋友，就是快乐的捷径。愿友谊的彩带，把我们紧紧相连。

如果没有你温暖的友谊，我不会如此深爱这个世界。

当快乐是一个温馨的回忆时，愿你所有的日子都洋溢着欢笑。

幸福的回忆我们不曾拥有更多，但甜蜜的时刻，我们拥有共同的一个。无论何时，在欢乐的笑声中，都能听到你的声音。

今天有你昨天的回忆，明天有你今天的梦语。

让我们守住生命中最美好的时光，别让它成为褪色的记忆。

真挚的友谊，并不需要时时刻刻的相聚，只要永不相忘。

尽管绿色已随着秋天远去，但荒漠中仍存着你的友谊。

让我们的生活充满微笑吧！这甜蜜的微笑，将预示着我们的未来无限美好！

任何的寂寞，也抵不过朋友的寂寞。

如果心是相近的，再遥远的路程也极短极短。

赠恋人

ZENG LIANREN

为什么我不说：『我现在最爱你』——爱还是婴孩，我不想说出这句话，好让他继续生长，直到长大。

若你流泪，湿的总是我的脸；若你悲戚，苦的总是我的心。

为什么我不说："我现在最爱你"——爱还是婴孩，我不想说出这句话，好让他继续生长，直到长大。

——莎士比亚

为了爱你，我要跟时间决斗，把你接上比青春更永久的枝头。

——莎士比亚

我记着你的甜蜜，就是珍宝。

——莎士比亚

啊，我多么希望，我怀念的回信，像这茫茫黑夜里大海的轻波细浪，飘然来到你的身旁。

——夸西莫多

若你流泪，湿的总是我的脸；若你悲戚，苦的总是我的心。

——拜　伦

这个世界是那么大，你却是那么小，我亲爱的！可是，如果你属于我了，就算用世界来交换，我也不愿意。

——贝多芬

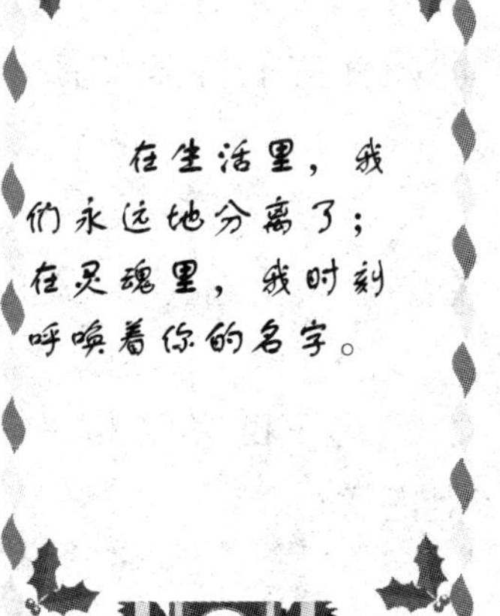

爱在心底是深的，专疼表面的是假的。

——柔　石

为了恋情成功而尽量隐藏自己缺点的人其实是最愚蠢的。

——傅　雷

浪漫的爱，有一个显著的特点，就是这种爱永远处于可望而不可及的位置，永远存在于追求的状态中，永远被视为一种极高贵的、极虚无缥缈的东西。

——梁实秋

爱情是不按逻辑发展的，所以必须时时注意它的变化；爱情更不是永恒的，所以必须不断地追求。

——柏　杨

我把最红的玫瑰摘下，做成爱的信笺，寄给你——我心中的玫瑰。祝你快乐、幸福常伴！

在友谊的海洋里，不能只有你和我；在爱情的天国里，只能有你和我。

人的一生中，难道还有比这第一次赴约更甜蜜的时刻吗？此时，从未作过诗的也成了诗人，不会歌唱的也成了歌唱家，埋藏在内心深处的激情，一时间全部迸发出来。

初吻，这是美好生活的序幕，由四片嘴唇共同发表的一篇宣言：心是宝座，爱情是女王，忠诚是王冠。

真正的爱情是一种纯洁心灵的奉献，它应该有一种至高无上的美。

有一句话能点得着感情的火，有一句话说出来就幸福。有一句话，你为什么不愿说破？我等着，等到你不再缄默……

不对你诉说我的不幸，也不敢向你要求爱情，只愿遇着温柔的目光，和你默默地相对不语。

不论你去何处，我的心都追寻着你的踪影，你落在地上的每一个足印，都会使我激动不已。

才发现原来所有的昨日，都是一种不可少的安排，都只是为了此刻让你温柔怜惜地拥我入怀。

自从认识了你，我的回忆，一次比一次甜蜜；我的爱，一次比一次浓烈。

初恋的情怀，是朦胧的弯月，羞怯地躲进薄薄的云朵；初恋的情怀，是待放的花蕾，静静地期待春雨的润泽；初恋的情怀，是心灵的探索，苦苦地寻找另一半自我。

爱，是一朵高贵纯洁的鲜花，永远散发着芳香。

在这甜蜜的季节里，送给你一份，我日日夜夜的思念。

终日，背着大海，对着古墙，盼望爱的来临。赠你一张白纸，在独居的时刻，请涂上我的名字。

用全部的生命想你，让月光醉在我平静的心湖，再轻轻地、轻轻地问萤火虫，可愿用你的一生，为我点亮这盏灯？

冬天，是冰凉的一季，但温暖却在心里，因为我有你。

别让我为你牵挂，当不在一起的时候，时常来信，告诉我你的消息。

心底的深处，总有那么一份牵挂，不知远方的你，是否平安快乐如昔?

心上有一根弦，被一只看不见的手，拨动了。

我是朵盛开的夏荷，多希望，你能看见现在的我。

如果你说“暂不……”我将默默等待，不管天荒地老；如果你说“永不……”我立即远远地，远远地退去。在后半生中，只是在心里，轻轻地呼唤你，呼唤你。

不要急于向我倾吐你的感情，将你漂亮的言词投入时间的熔炉里燃烧，看看是砂石还是真金。

也许，我日夜寻找的那个梦想，正静静地藏在你的心头。

荣华不值得炫耀，富贵不值得骄傲；只有投入你的怀抱，幸福才把我围绕。

有你在身边，我就不孤单。哪怕只是默默地凝望，温暖似阳光，分分秒秒都那么灿烂。

若说这是梦，我愿这是不醒的梦。因为梦中有你，梦里

有情。

我是一个寂寞的船长，扯着张满爱的风帆，顺着你的眼波流转飘荡，等你为我指引方向。

在一年的每个日子，每天的每个小时，每个小时的每一分钟，每一分钟的每一秒，我真地好想你。

是怎样的缘分，指引我们相识？我知道了，在生命的际遇里，牵连两端的原来是一丝丝的真情。

人生是花，而爱便是花蜜，我的世界里，有一方属于你的领地。

我渴望，我需要，在情人的眼睛里，度过每个宁静的黄昏。

若我们有缘，我们必能再相见；若我们无缘，就只有长相忆。

你的深情注视，使我的心像绸子一样抖动。面对你，即使是忧愁的心，也会感到灵魂里鲜花的怒放。

记得在那默默的一瞬间，你悄悄地把我的心拿走。从此，热血沸腾的心就交给了你。但愿你能领略我心中的芬芳，直到永远永远。

无论你变成什么样子，哪怕你不回答，在这茫茫的云雾之中，我仍在探寻那遥远漫长的距离。

你是我梦里的画，你是我心里的歌。牵着我，跟我走，让我融入你的心中。

用我最真挚的爱，将你包藏在怀中；让一夜不眠的相思，化成清晨晶莹的露珠。

深深的情，浓浓的意，好像日月星辰，伴着永恒的大地。

你翩翩地走进我的生命，用那蘸满柔情的爱笔，挥洒永不褪色的诗意。

我的心房里，爱情在酣睡，只有一个人能唤醒它，我不知道这个人是谁。

我是一只鸟，问你的心：愿不愿意给它做巢？

我的热情像大海，每滴水珠、每个浪花都是为你，你可明白？

没有见面的时候，乱在心里头；等到见面的时候，却又低下头。怪你用那相思线，把我牵着走！

见不到彼此间亲热的表情，找不到让人留意的痕迹。只有你才知道，此刻的我正在想着你、念着你、爱着你。如诗如画的日子，愿温暖甜蜜的感觉浓浓密密地萦绕着你。

柔柔的微风，悄悄地传送着我对你时时的关怀、深深的祝福！

在这生命之花盛开的日子里，随着春风飘来多少爱的诗篇。让我坐在你的身边，为你谱写一首青春之歌，歌里只有你和永不褪色的大地。

花儿吐露芬芳，友谊传递温馨，让我们共同欢愉在希望的日子里。

银色的浪花送来了甜蜜的思念，大海的呼唤在我的心灵激起爱的波澜。我俩漫步在这岁月的沙滩，携手奔向那爱的海岸！悠扬的欢乐歌声，展颜的温暖世界，带来了一片欢欣与喜悦，属于你，属于我。

像首小诗，像首小夜曲，宁静中传来柔和的旋律，为你带来健康欢乐，直到永远。

只需轻轻摇摇头，只需微微笑一笑，世界一切的烦恼便化为乌有。

阳光雨露，鸟语花香，对每一个人都是那么公平无私；欢乐喜悦，烦恼忧伤，悄悄走进你那秘密的小天地时，可否让我与你一同分享？

山河可以阻隔人与人之间的联系，但不能阻止人与人互相思念。无论相距多遥远，对你永难忘怀。

但愿欢乐的脚步，不要匆匆走过，让它永远驻在你我心田！

我思念你，我居住过的村庄；我思念你，我劳动过的土地；我思念你，我游历过的名胜；我思念你，我相恋时的小溪。

值此令人心驰神往的情人节，请接受我从远方献给你的一颗赤诚的爱心和一声深情美好的祝福！

初恋的滋味，恰似早春的第一抹胭红，令人心驰神往；又如第一声春雷，让人魂魄激荡。

你知道吗？我的目光就是你窗前的星星，每夜深情地注视着你……

爱情，唯有甜蜜，才显得美丽；唯有欢欣，才显得强烈；唯有庄重，才显得严肃；唯有细腻，才显得神秘。

你可听见，祝愿的歌、思念的曲，正随着明亮的月光飞翔；它将我的问候带给你，它将伴你驻守遥远的边疆。

也想不相思，可免相思苦。几次细思量，情愿相思苦。

夕阳送你登程，风儿送你远行，留下的是彩霞、晚空。你何时归来，月下窗前，双双成影？

就这样，偷偷地将你的名字，写在手心，然后攥成一只拳

头，在一个封闭的小屋，深深地藏着。

如果命运既已决定，我终是一只孤雁，就不必再去等待你的那一句美丽的诺言。

微笑地互相凝视，而在那时候，我们并不知道，我们其实谁也不知道啊，年轻的爱，原来只能像一场流星雨。

如果你要想念我，就望一望天上，那闪烁的繁星里，有我寻觅你的目光。

你知道吗？我那爱的幼芽，战战兢兢地萌发，带着清香，羞涩地开花……

我喜欢默默地被你注视着，也默默地注视着你；我渴望深深地被你爱着，也深深地爱着你。

家乡的山最美，春天青绿，夏日碧翠，秋天火红，严冬雪白；朝夕阴晴，各具风采。然而，它怎能与我心中的你媲美？

爱的微笑像一把神奇的钥匙，可以打开心灵的迷宫。它的光芒照亮周围的一切，给周围的气氛增添温暖的同情、殷切的期望和奇妙的幻景。

你的眼睛是个谜，费了我多少心机；昨夜，月下，终于猜透了——爱心一片。

我喜欢你那一对水灵灵的眼睛，因为你爱用眼睛说话，双瞳中还充满着无限深情。

海浪连着海浪，心潮连着心潮。那海浪留下的珊瑚和贝壳，是属于大家的；你心潮留下的情与爱，却完全属于我的心。

当我哭闹着降生在这个五彩缤纷的世界中，就注定有一个素不相识的美丽的女孩属于我，想不到这女孩却姗姗来迟。

有些人的爱，是看得见的，活生生的；有些人的爱，却被深深地锁在自己的心里，它虽然不会被轻易地打开，但却要珍贵得多。

所有的爱，所有对需求的渴望都是一种桎梏——唉，我的心也常常被你的爱禁锢了呀!

像一片河畔的草原，像一层江上的薄雾，像一场春天的细雨，像一道绚丽的彩虹——啊！你心弦上弹出的琴音，是这般醉人……

有些从来不会在意的事，如今却逐渐清晰起来，等我蓦然回首时，才发现，原来你一直站在那里等候着我。

每当你经过我的身旁，只要衣裙碰一碰我，我的心立刻欢呼雀跃，狂热地追随你的芳踪。

为了纯真的爱情，哪怕山高水长，哪怕风雨凄凉，哪怕命运弄人……

当你向我敞开心扉时，我的心便含满了泪水，我那个疲惫不堪的灵魂，便体验到一种温暖、一缕欣慰。

春风唤起了我甜蜜的思念，花香激起了我心中爱的波澜，共度黄金时代的青春岁月，携手奔向那爱的故乡！

悦耳的铃声，娇艳的鲜花，都受到时间的限制，只有我的祝福永恒。

时间冲不淡友情的酒，距离拉不开思念的手。祝福你，永远永远！

忆起那往日的温暖，记取你的音容笑貌，纵然相隔千山万水，我也可以将思念寄予流星。

骄阳因我们的相逢而显得更加神秘，我要用生命之光，为你谱写一首欢乐的歌，让青春的歌声长驻你心头！

应该为我们的相识献上这朵美丽的花，那晶莹的水珠就是我们的热泪。我要轻轻地告诉你，我心中的秘密就是要为你唱一首欢乐的歌！

曾经澎湃也曾经激昂，如今，我静下来了，真如一片悔恨的沙滩，守候着你带去的海浪。

一束春花，一片温情，一缕芬芳，引我缱绻于回忆的甜蜜中。

如果星星能被装载，我愿将满天星儿装满箩筐，托那银河列车，寄予远方的你，我最衷心的祝福。

流走的是悠悠岁月，留下来的却是你我那份最真挚的情谊。

微风轻拂，白云远逝，留在我心中的是永恒的爱情。

爱情，是一棵静默的青松，经受得起无情的狂风与大雪；温暖，是心灵的感应：它，不是茶，愈冲愈淡；而是酒，愈陈愈香！

但愿你，没有忘记我们相处时的欢乐时光，并希望我们的友谊，随着岁月渐渐增长。

多少年后未曾忘记，拭拂尘封的心，凝视那余晖，聆听那寂静，勾起我对你满腔的关切和祝福。

我把关怀谱写成跳跃的音符，歌里有我们美丽的往事，以及我对你深深的思念。

我不明白什么是爱情，只想凝望你的明眸；我不了解未来会如何，一切都在静静的期待中。

春风吹散了窗棂上的月光，却吹不散我心上的倩影，总是时时刻刻惦念你，是否安然无恙？

我那初恋的记忆，已随一叶小舟远去，它曾载着我的赤诚，漂浮在你的心里。虽然那时我们都无知，可那爱的誓言依

然美丽。

我对你的思念，像一条波涛滚滚的江河，日日夜夜奔腾不息……

亭亭玉立，开放你的青春，让我永远陪伴你，以小草的名义。

分别总是短暂的，相聚总是永久的。天上的牛郎织女也有相会之日，地下的你我会永远地在一起。

有你的日子，草色更青，阳光更温暖，花儿更红，世界更美丽。

秋风送远了载满诗集的三角帆，我的名字在远方，如钟声撞响你的生命，愿我们的爱永恒……

我希望你会舞蹈，这样，你的彩色连衣裙就会旋转，花瓣随意飘飞，芳香四溢，每一分钟里都走出一个春天。

阳光替我打开世界的大门，你替我打开爱情的宝库。在我的眼中，你就是阳光。

这含苞欲放的花朵是你的微笑，那卷起的边缘有如你的牙齿，我只能默默地告诉你，我正在等待，等待。

一刹那的真情，不能说是假的；但爱情是永恒的，不能说只有一刹那。

有一个字甜甜的，我忘情地含着，愿它飘啊飘，静静地布满苍穹。

你漂泊的船靠近我的港湾，我们相望没有语言。你的眼睛里有我的全部，我的心里肯定也有你。

别在风和日丽时收拾你的行李，要走你就随着雷电的轰鸣一起走吧，那样我的痛楚会减轻一半。

你的爱，从理智中脱颖而出，化成两个字——神圣。

生活的船，很小很小，没有桅杆没有风帆。你来了，我来了，这就够了，双臂就是双桨。

你从西岸的那边走来，我从东岸的那边走来，相约在石桥上，不必羞涩，让我们挽起手来走下去。

我以为我已经把你藏好，藏在泛黄的记忆里。

谁知，那轻轻的银铃声，又撩起我的思念。我欲在美丽的织锦上点缀无数的祝福送给你。

由指尖流泻出的祝福，是我最诚挚的心，每个符号都写着深切的思念。在这温馨的季节里，就让这份情谊，绕着世界旋转，恒久不变。

秋季里，每一片火红的枫叶，都是我寄给您的情书。

我俩短暂的一瞥，虽默默无语，却胜过千言万语。

与你相识是幸运的，与你相恋是甜蜜的，与你相处是美好的，与你相爱是幸福的。

你的脸是一册耐看的书，我永远也读不厌你的笑容。

你和我的心，就像一朵雪白的并蒂莲，在爱的青梗上，秀挺、欢欣、鲜妍。

柔情似水，佳期如梦，愿朝朝暮暮心心相印。

你用心呼唤我的名字，可别让人知道我是谁。

感谢与你相逢，让我寂寞的沙漠，从此有了历历春景。

相遇总是点点头，想说总是难开口，视线相交的一瞬间，我已感觉到你的温柔。

我不会忘记，那一天狂风暴雨中，躲在花伞下的你我……

每当我看到你和蔼的笑容，都会在心头上滚过爱的春雷。

我的感情潇洒地奔泻，那是因为你有大山般坦荡的胸怀。

亲爱的，即使所有的阵风都在这个夜晚围猎我，又有什么呢？你的微笑是永远守护着我的一片温馨。

你送给我的海螺，刻满了大海的壮阔，它像一只翻扣的船儿，严严实实地扣住了我的心……

有人说生命是周而复始，可是花不是，水不是，我在绽放与流动中的情爱也从来不是。

忘不了你的泪，忘不了你的好，忘不了你醉人的缠绵，忘不了你铮铮的誓言。

成熟的爱情，如一颗晶莹的珍珠，深藏在心灵的大海里——漫长的岁月只能增其光彩，风浪的折磨只能增其坚毅。

有什么比爱更珍贵，有什么比燃烧更痛快！

看见太阳，就会想起你的热情；看见月亮，就会忆起你的恋情。

人生本就是许多的缘，只看你去不去圆。值得珍惜的缘，就值得去圆这份缘。

是什么让人对尘世有一种眷恋，有一种牵挂，叫人生生世世追寻，却永不后悔，它仅仅是一个字——情。

你美丽的身影，永远在我眼前；你婉妙的声音，时刻在我耳边；你精灵的眼睛，忽闪忽闪地亮在我心田……是的，我们没有分离。

此刻，我多么羡慕那只飞在云端的雄鹰，如果我是那只展翅高飞的雄鹰，不就可以看清楚你的容颜？不就可以飞到你的身边？

我们已经很熟悉了，很熟悉了，却还不曾相见。那数不清的信笺，既是倾诉，也是无言。

初恋是那么惶恐，多想逃出你的世界，找回往日的宁静。但是，心中涌起的激情，却已把我紧紧拴住。

即使这个告别没有归期，你也不要伤心落泪，我的祝福早已写好，诺言也无法更改，就顺着脚下的路延伸出去，山的那边就是路的重逢。

只要你对我还真心真意，我的心就会永远追随你，在爱的十字路口，决不三心二意。

当你看见熟悉的女孩感到心跳的时候，不用说，爱已悄悄地爬上了你的心头。

在烈日的烤炙下，你的柔情是一片绿荫，是一朵滋润的云；在焦渴的煎熬中，你的微笑是一杯凉茶，是一股清澈的泉。

纵然岁月流转，空间分隔了我们，时间冲散了你我，但关怀祝福之心却长伴左右。

昨夜，我很晚很晚才沉入梦乡，那惦念你的思绪，如同无穷无尽的天宇……

离别没什么，寂寞没什么，凄风和长夜也没什么，只要让我的心，在永远的温柔里。

该忘却的，烙印却那样深；该记住的，那形象又如此模糊。哦，思念的小溪，没有结冰。

想象该在这暮色渐沉的秋夜，放一只心船，驶向我。尽管我知道，该来的总会来，而不该来的，哪怕仅仅一步的距离，也不会来。

寄一首怀念的诗给您，写上串串思绪，画上殷殷期盼。

眷恋如无边的海洋，激情如无尽的波浪——那都是我的思念。

分别时，您带走了一半月亮，也带走了另一半月亮的思念。

在细雨纷飞的季节里，在你我忘了珍惜的时候，最美好的——已经远走；在你我忘了回忆的时候，最真诚的——无需保留。也许在初恋中，我们都以为自己是天使，没想到我们的心是那么脆弱，竟经不起一点小小的擦伤。

你的背影，消失在我虔诚的祝福里。

一个人失恋，与其在追忆中，流一万次辛酸的眼泪，还不如在目光中，燃烧一次来得痛快。

别叹息命运的坎坷，别怨恨道路的曲折，点燃你的生命之火，献出你的光和热。

何必悲叹，何必流连，今日夕阳西斜，明朝太阳初升，不幸的命运，要靠自己改变。

怀疑是割断情感的刀子，信任是填平鸿沟的基石。

追求虚伪的爱情，终归徒劳无益。

爱是一首无字歌，要用心灵去感受；情是一条漫长路，要用生命去奔走。

爱情发生波折时，需要冷静与思索，否则会变成坟墓。

爱情是美好的、幸福的，可它多么来之不易！我们为了它去战胜困难。在有徐徐微风的黑夜里，你可知道，我仍是最思念你的人。

对你的思念，我从来没有停止；即使时光逝去，我依然执着地追逐。

哪一颗星星没有光，哪一朵鲜花没有香，哪一次我的思潮里，没有您的爱的温馨。

春天是思念的季节，我把我的悠悠情思，系在蓝天的彩云里，托春风悄悄捎给你。

每当我想起你，就回忆起我俩共同编织过的无数绚丽的梦；我留给你一份寂寞，你留给我一份怀念。

一片花瓣，从书页里飘落，就像莲在风中摇曳，使我轻轻地把你忆起。

我的祝福一年比一年多，我的思念一年比一年深。

为寻找凝重的记忆，我来到初恋的湖畔，从黄昏等到夜半，盼金风送我一个思念的缩影。

轻轻地唤醒冬日的柔情，柔柔地掩不住内心的祝福，深深地道一声我想念你啊！

我还不懂寂寞是什么，我还未感到恋爱的快乐，今日与你分别，才第一次感到情感上的孤独，才第一次感到失去了很多很多。

没有向你吐露一丝消息，就这样把你视为我的心上人，如果能够相信好梦成真，那就请你前来相会。

你的身影，在我心的底片上曝光——摄得那么真，印得那么深。

我像一只蚊子一样追寻着你，我像你的影子一样陪伴着你，我像在沙漠中行走需要水一样需要你。只因为我爱你。

想每个清晨有你在身旁，轻轻的问候带来一缕阳光。亲爱的，早上好！

送给你一缕清香，送给你一束芬芳，送给你一片绿叶，送

给你一地春花。这所有的一切，都是我的祝愿。

我愿是一朵不知方向的云，在你宽广的蓝天中无忧无虑地徜徉，你能容纳并保护我吗？

我是蜜蜂，扇动翅膀，飞向你的身边，采撷情的汁，酿造爱的蜜……

我的一份柔情，是你眼中的秋波；我的一份思念，是你脸上的泪珠。

如果你也像我爱你一样，那么，什么样的利刃能割断我们的爱情呢？

美丽的鲜花要共同灌溉，真正的爱情要互相珍爱。

自从你走后，寂寞总是伴随着我，觉得一天比往常半个月还要长。我想这种感觉是你的温馨和我炽烈的爱情造成的。

为什么不回信？难道不明白我炽热的感情！盼望着空中的飞鸿，哪怕衔来一页白纸，我知道，那是盛满了温柔的问讯。

多少个思念遥寄弯月，多少个眷恋托付明星。远方的你啊，何时归来？

你别时的叮咛，在我心头拨动了深远的音响，散发着幽兰般素淡的清秀。

贝壳纵然遭到海浪千万次的袭击，也不会改变对海水的依恋。我就像那小小的贝壳，随时向你奉献我的情感。

没有你的日子里，我会更加珍惜我自己；没有我的岁月里，你要更加保重自己。

虽然你走了只有几天，可我觉得已是漫漫长年。

日月情相连，星辰意绵绵；今日分手苦黄连，明朝合欢比蜜甜。

如果没有分离，让彼此的思念见面，我们怎么会知道，我们有着深厚的情谊。

我们无法让时光停留，但愿怀念与祝福，永远与您同往。

您的情如同流水，从我生命中缓缓流过，我的爱也随之沉浮、失落。

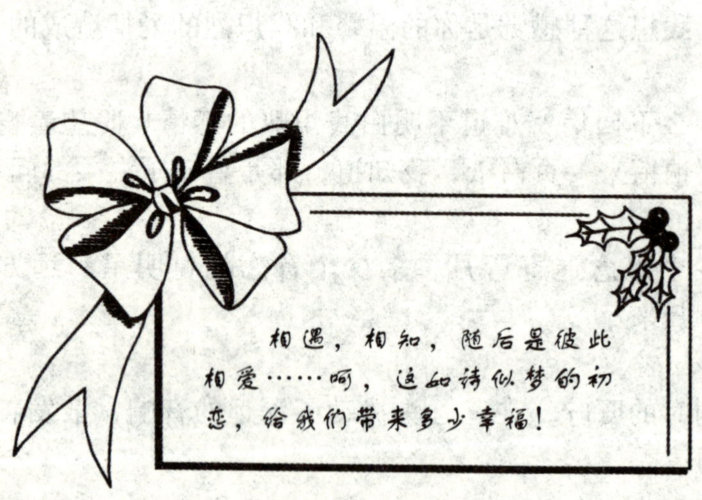

愿往日那份情愫，重新编织成一份爱。

昔日的柔情美梦，就像雨后的彩虹，转眼间，消失得无影无踪。

我只知道爱情是甜蜜的，是阳光、是诗、是歌，殊不知她还伴随着痛苦与折磨。

岁月已经凝固，一切让它遗忘，狂喜和悲哀都已经消失，连同那轻信和所有的梦想……

你的眼睛已告诉我，我们之间的感情已到了尽头，就像被秋风吹落的黄叶，再也没有一丝一毫的感受。

当你落寞时，不必失意彷徨，还有我的鼓励，与深深的祝福。

不要说抱歉，不要说无奈，昨天过去永不再来，鼓起勇气面对未来。

不要怕阻碍多，爱情本是多磨。只要心心相印，爱情一定会开花结果。

只有懂得生活的人，才能领略花的娇艳；只有懂得爱的人，才能嗅出心中的芬芳。

假如生活欺骗了你，不要忧郁，不要愤慨；请相信吧，欢乐的日子一定会到来。

盼望伸出爱的双手，接受我盈盈的祝福。在我们未来的日子里，让幸福之花灿烂芬芳。

离别时可不要流泪，哪怕相逢要等三年五载，只要我们两颗心，律动着一个节拍。

焚烧过去了的旧事，愿你我从头爱起，不要叹息命运的坎坷，不要怨恨道路的曲折，用你的生命之火，去点燃充满希冀的情感。

假如我是太阳，我愿天天高悬天空，温暖寒冷的你，让你从此心花怒放。

让我们互相搀扶着，共渡人生的湍流，共披人生的荆棘；让我们相互举杯，共尝喜悦的甜酒，共享人间的欢乐！

既已相遇，何忍分离。愿年年岁岁永相依，朝朝暮暮心相携，柔情似水，佳期如梦。

爱情不是无边无涯的梦幻，也不是无休止的絮语。爱情，是情操、忠诚、专一，是善良、坚贞、圣洁。

你是飞天捧着的洁白花朵，降落在我的心间，我那感情的海哟，因此飞溅起幸福的浪花。

爱你默默，想你深深！没有你，我不知道我该如何，你主宰了我，我的每一步都受到你的摆布！嗨，爱你我情愿不自由！

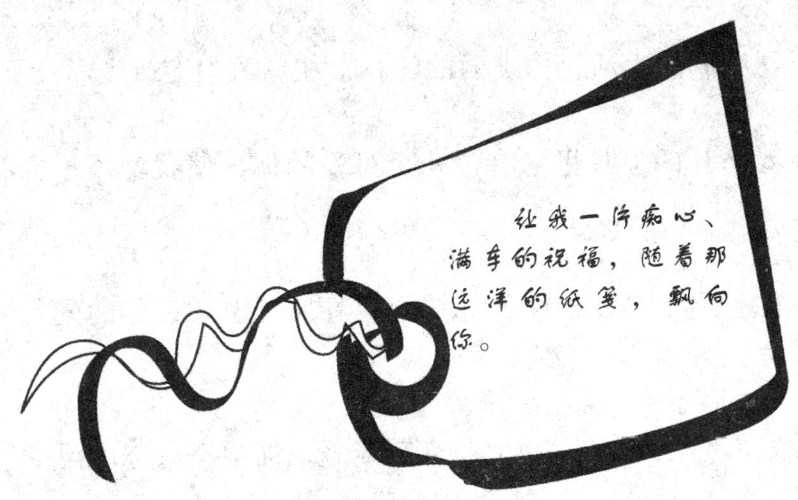

你常记得我，我也常想你，你的一番真情，我是多么珍惜。相爱不必朝和夕，只要两心相系。但愿你我心心相印，恩爱永存心底。哪一颗星星没有光？哪一朵鲜花没有香？哪一次我的思潮里，没有你爱的温馨？

今宵，月缺花残，故人已故，那不解人意的风儿啊！我真希望我是沙儿，与你并肩到天涯。

假如你是月亮，愿你天天高悬天上，慰藉失意的我，从此不再彷徨。

创造一个爱的奇迹，留下一个爱的回忆，希望你把我的心，印在你的心坎里。

纵然海的呼唤停止，我这小溪流，依旧默默地流向你。

只为了当初那一段情，我愿付出自己的一生；只要能分担你的忧愁，我愿承受百倍的艰辛。

祈愿我俩的生活，像美丽的鲜花，在春风中绽放光彩。

在我平凡的岁月里，有了一个可爱的你，使我增添了青春的活力。

你的心比水晶还透明，你的情比春风还温柔，你的爱比一切更深沉。

我欢喜绵绵细雨，我欢喜亲亲笑语，细雨里有你的温柔，笑语里有你的亲昵。

愿你我齐心协力，共同开辟爱的乐园，让理想的种子，结出又大又红的甜果。

我经历过黑夜，在茫茫大海中航行。我之所以没有触礁搁浅，是你用心的航灯为我照明。

写过许多日记，它们记着我的心迹，倾吐着一腔情意，张张页页上都有你。

爱是一首古老的情歌，当你灼热的目光射向我时，我的心将为你而颤动。

多彩的风信子，晃动着我的初恋。你晶亮的眼睛，点燃了我青春的热情。

你的微笑是一首歌，青春的恋歌。那优美的旋律，经久不息地回荡在我的心田与脑海……

若你漫步的林间，那盛开的花便是我热切的等待；那深绿的叶，便是我浓郁的情意。

我的心海里浪花涌动，奏出一曲雄壮的海涛之乐——我说，你听到我心脏的律动了吗？

秋天到了！一切都将成熟！连太阳也像红色的果实般成熟。我们的爱情，可否在这收获的季节里成熟？

不愿勾起相思不敢出门看月，偏偏月进窗来害我一夜相思。

假如你在征途上遇到险阻，我愿为你分担忧愁与痛苦；假如你在事业上取得成果，我也会为你献上由衷的祝福。

我们的情感，少不了彼此的抚爱；我们的欢乐，少不了彼此的享受；我们的生活，已经谁也离不开谁。

爱人，我已贫困，一无所有，但我知足，对世界亦无所求，因为我已拥有你的爱。

我的心是一台传真机，它时时刻刻向你传递，传递真、传递美、传递爱的信息。

我至今还在怀念那个夏天。那个夏天，你放出的鸟每夜都会飞进我的梦里，我的生命里第一次开出鲜花。

这一生中我和你只有一次相遇，相遇了，两颗心就再不能够分离，从此，亲爱的——这声呼唤把我们紧紧相系，它时刻鸣响着，在我的心每次的跳动里。

面对你默默的等待，我无法喊出那圣洁的爱，只好立于相思树下，用岁月的剪刀，把思念精心地剪裁。

常忆我们第一次相遇，目光第一次交织，竟然是那么的熟悉，好像三生石上早已刻记。

让我与你离别，再轻轻地抽回我的手；车站找不到一朵可以相送的玫瑰花。就把、就把这真挚的爱恋别在你的衣襟上。

说是还要重逢，却不见你的踪影；孤寂的期盼里，只留下一串少女的梦。

赠奋斗者

ZENG FENDOUZHE

有一个“七跌八起”的成语，意思是说：一个人无论遇到多少次的挫折，都必需不屈不挠，勇敢地站起来。

自始至终承认“失败的原因在于自己”，就会想办法消除失败的原因，这样一来，不仅能减少错误，而且不论在什么情况下，经营都会很顺利的。

成功并不是黄金可以堆成，也不是震撼世界的名声所能砌成的。

——莫泊桑

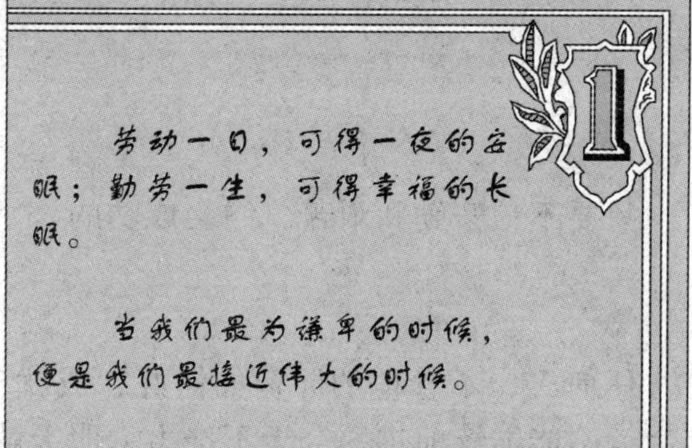

努力是成功之母。

——塞万提斯

金字塔是由一块块石头砌上去建成的。

——莎士比亚

自信是成功的秘诀。

——爱默生

成功的秘诀是在于恒心。

——迪斯累里

凡不能获得他人信任的人，永远难求成功。

——纪　德

要在这世界获得成功，就要坚持到底，至死剑都不能离手。

——伏尔泰

不热烈勇敢地希望成功，而能取得成功的，天下决无此理。

——拿破仑

只有奋斗可以给我们出路，而且只有奋斗可以给我们快乐。

——恽代英

只要不怕辛勤和艰苦，终会成功的。

——华罗庚

任何人，不管他的天资如何好，成就多么大，只要停止了努力就不能继续前进。今天不努力，明天就落伍。

——钱伟长

巨大的成功只跟远大的抱负相伴。

——成　龙

披星戴月上班去，万家灯火回家来。

——李嘉诚

辉煌的人生，并不在于长久不败，而在于不怕失败。

不会从失败中总结教训的人，他们成功之路是遥远的。

无论成功与失败，都在于自己。

不是因成功才满足，而是因满足才获得成功。

成功是通过劳动结的果，而不是希望。

倘欲达到最高处，就要从最低点开始努力。

决心就是力量，信心就是成功。

成功毫无技巧可言，只不过是对工作尽力而为而已。

以失败换来的成功，其价更高。

航行于生命海洋上的旅人，往往只希望靠风力推动而不靠自己划桨前进，许多人的事业之船都是在他们垂手等待风力时翻沉的。

只要有无限的热情，一个人几乎可以在任何事情上取得成功。

除努力工作之外，我没有其他成功的秘诀。

成功的内容形形色色，最重要的是做人成功。

成功的第一个条件是真正虚心，对自己的一切敝帚自珍的成见，只要看出同真理冲突，都愿意放弃。

我成功，因为志在成功，未尝踌躇。

成功乃勇敢之子。

如果你希望成功，当以恒心为良友，以经验为参谋，以当心为兄弟，以希望为哨兵。

每个人的一生中，幸运之神都来敲过门。可是，许多人竟在邻室中听不见幸运的敲门声。

天才是百分之一的灵感，百分之九十九的血汗。

贤人哲士是绝不追求运气的，然而他对于光荣却不能无动于衷。

无论什么时候都不要以为自己已经知道了一切。不管人家对你的评价多么高，你时时刻刻都要有勇气对自己说：“我是毫无所知的人。”

活着就是思索。

荣誉要比生命宝贵一千倍。

在观察的领域中，机遇只偏爱那种有准备的头脑。

智慧是宝石，如果用谦虚镶边，就会更加灿烂夺目。

地球上最美的花朵是思想者的精神。

智慧越是遮掩，越是闪亮。正像你的美貌因为蒙上黑纱而十倍动人。

一个人真正伟大之处，就在于他能够认识到自己的渺小。

每个人都知道，把语言化为行动，比把行动化为语言困难得多。

当一个人感到有一种力量推动他去翱翔时，他是决不应该去爬行的。

当你做成功一件事时，千万不要等待着享受荣誉，应该再做那些需要做的事。

伟大人物最明显的标志，就是他坚强的意志。

路是人的脚走成的，为了多辟几条路，必须向没有人的地方走。

一个人成功的因素很多，而居于这些因素之首的就是热忱。

顽强的毅力可以征服世界上任何一座高峰。

成功＝艰苦的劳动＋正确的方法＋少说空话

只有毅力才会使我们成功。而毅力来源于毫不动摇，坚决采取为达到成功而需要的手段。

成功之母，在于不屈不挠。

真正有德行的人，是从不自吹的。

一个能思考的人，才真正是一个力量无边的人。

谁经不起失败的挫折，谁就不能获得成功。

只有正视自己的无知，才能扩充自己的知识。

在知识的山峰上登得越高，眼前展现的景色就越壮阔。

对于学者获得的成就，是恭维还是挑战？我需要的是后者。因为前者只能使人陶醉，而后者却是鞭策。

多数知识的秘密是被那些平凡且最容易被忽视的人们发现的，而不是被享有盛名的人们所发现。

生命是一条险恶的峡谷，只有勇者才能通过。

失败是什么？失败是教育，是走向成功之路的阶梯。

伟大的人物都是走过了荒沙大漠，才登上光荣的高峰。

有信心的人，可以化渺小为伟大，化平庸为神奇。

失败是对坚忍的最后考验。

卓越的人的一大优点是：在不利与艰难的遭遇里百折不挠。

错误与失败是前进不可缺的训练课程。

平静的湖面，练不出精悍的水手；安逸的环境，造不出时代的伟人。

最后笑的人，总是笑得最好的。

知道什么叫“思考”的人，不管他是成功或失败，都能学到很多东西。

逆境是磨炼人的最高学府。

如果人们不对悲伤屈服，过度的悲伤不久就会自己告终的。

失败是一种教训，它是情况好转的第一步。

人们没有权利单单记住人的眼泪，而看不见眼泪化成的彩虹。

越是缺少担负悲哀的勇气，悲哀压在心头就越是沉重。

像季节的飞逝一样，人生的哀乐也是变换不停的。

既然痛苦是欢乐的源泉，那又何必为痛苦而悲伤。

眼眶里晶莹闪亮的并不是泪水，真正的泪水隐藏在我们的心里。

辛勤的蜜蜂永远没有关于时间的悲哀。

一经打击就灰心丧气的人，永远是个失败者。

努力不懈的人，会在人们失败的地方获得成功。

生活的道路一旦选定，就要勇敢地走到底，决不回头。

失败的次数愈多，成功的机会也愈近。成功往往是最后一分钟来访的客人。

一个失败只证实这样一件事：我们成功的决心还不够强烈。

累累的创伤就是生命给你的最好的东西，因为在每个创伤上面都标志着前进的一步。

隐藏的忧伤如熄火之炉，盛满了心烧成的灰烬。一个人思虑过多，就会失去做人的乐趣。

宿命论是那些缺乏意志的弱者的借口。

人们最出色的工作往往在处于逆境的情况下做出。思想上的压力，甚至肉体上的痛苦都可能成为精神上的兴奋剂。

愚蠢往往使得人们从幸福的境界堕入苦痛万分的深渊，而聪明的人却往往能凭着智慧安然度过险境走上康庄大道。

忧虑像一只摇椅，它可以使你有事干，但绝不能使你前进一步。

黑夜无论怎样悠长，白昼总会到来。

卓越的艺术成就只有用眼泪才能取得。谁不备受折磨，谁就不会有信心。

在你的心园种植忍耐吧！虽然它的根是苦的，但果实是甜的。

灰心生失望，失望生动摇，动摇生失败。

假如你为失去的太阳而流泪，那么你就将失去整个星群。

人的一生中，最光辉的一天并非是功成名就的那一天，而是从悲叹与绝望中产生的应对人生挑战的坚强与勇敢，迈向意志的那一天。

我从来不曾有过幸运，将来也永远不指望幸运，我的最高原则是：不论对任何困难都决不屈服！

认识了生活的全部意义的人，才不会随便死去，哪怕只有一点机会，就不能放弃生活。

所谓活着的人，就是不断挑战的人，不断攀登命运顶峰的人。

尽可能少犯错误，这是人的准则；不犯错误，那是天使的梦想。尘世中的一切都是免不了错误的，错误就如一种地心引力。

失败，从某种意义来说，是通往成功的大路，因为每一次发觉虚假的东西便使我们诚恳地找寻真实的。而一个经验指出

的一些错误方式，我们以后会小心避免。

世界上荣誉的桂冠，都是用荆棘编织而成的。

努力不懈的人，在人们失败的地方开始得到他的成功。

要记住：历史上所有伟大的成就，都是由于战胜了看来是不可能的事情而取得的。

人的生命，似洪水在奔流，不遇着岛屿、暗礁，难以激起美丽的浪花。

不幸就像一把刀子，它既能为我们服务，也能伤害我们，这就要看我们是握着刀柄还是刀锋。

一时的成就是以多年的失败为代价而取得的。

在困厄颠沛的时候能坚定不移，这才是一个真正令人钦佩的人的不凡之处。

每个英雄的背后都隐藏着一段悲剧。

如果你能改变你的思想，从悲观走向乐观，你便可以使你的一生发生改观。

在人的生命的旅途中需要遭受一些挫折，然后才能了解人生的全部价值。

永勿屈服于忧愁，要一直抗拒，否则这习惯便会得寸进尺。

人生有千百种灾殃，而畏惧这些灾殃，才是致命伤。

行动是治疗忧愁的唯一方法。

有一个“七跌八起”的成语，意思是说：一个人无论遇到多少次挫折，都必须不屈不挠，勇敢地站起来。

自始至终承认“失败的原因在于自己”，就会想办法消除失败的原因，这样一来，不仅能减少错误，而且不论在什么情况下，经营都会很顺利。

我在企业界时常遇到挫折，但我失败后从不气馁，昨天还是幻想家，今天又成了冲锋陷阵的战士。

假如你正受着忧伤、灾祸或不幸的折磨，做点什么事使自己忙碌起来吧。把心思和双手占得满满的。这样做对你的帮助比什么都大。

任何工作，只要全力以赴，都必将产生一种自我满足的心情。

一次的成功，表示其他九十九次也有再成功的可能。

坚韧是成功的一大因素。只要在门上敲得够久、够大声，终会把人唤醒的。

我一生中所有的成功，都归功于总是提早的十五分钟。

自信能使您神经放松，消除恐惧，做好工作，能使您把握住成功之路上的每一个机会。

每天都必须学点新东西是产生新思维的原动力，机会一旦来临，就会充分发挥效益。

伟大工作的完成，不是靠气力，而是靠坚韧。比如有人每天生龙活虎地走上三小时，七年后，他走过的地方可与地球的周长相等。

决心干一番事业时，得有一股韧劲始终不渝。因为，办不成事，并非能力所限，而是缺少这股韧劲。

经验显示，成功多因于热忱，而少出于能力。胜利者就是把自己的身体和灵魂都献给工作的人。

天将降大任于斯人也，必先苦其心志，劳其筋骨，饿其体肤，空乏其身，行拂乱其所为，所以动心忍性，增益其所不能。

风力掀帆浪打头，只须一笑不须愁。

志不可满，乐不可极。

古之立大事者，不唯有超世之才，亦必有坚韧不拔之志。

不经一番寒彻骨，怎得梅花扑鼻香。字字看来皆是血，十年辛苦不寻常。

我相信每个人都可能走向成功之路，但必须有坚强的毅力去开创。

一种事业能有特殊超卓的成绩，全仗从事者能以满腔热忱、全部精力赴之。

伟大的心胸，应该表现出这样的气概——用笑脸来迎接悲惨的厄运，用百倍的勇气来应对一切的不幸。

摔倒了，赶快爬起来往前走，莫欣赏摔倒的地方，莫停下来哀叹。

成功的花，人们只惊慕她现时的明艳！然而当初，她的芽儿浸透了奋斗的泪泉，洒遍了牺牲的血雨。

修养的花儿，在寂静中开过了；成功的果子，便要在光明里结实。

诚然，失败是成功之母，但我们要避免重蹈同一模式的失败。

事业有成就，生活幸福的人，都是拒绝别人摆布，自创命运的人。

确立了目标的人，在与人竞争

时，就等于已赢了一半。

努力工作是迈向成功的不二法门；强烈的欲望是持久努力的动力。

信心支撑您走向胜利。

成功固然需艰辛的努力，但也少不了机会。

积极的人生态度，是您迈向美满、成功的跳板。

一个人的“走运”，大部分是从交际中发展出来的。

肤浅的人相信运气，而成功的首要秘诀是自信。

你无需费劲寻找生活的光明面。它恰恰就在你的前面，那正是你想要看到的。然而只要你试上一试，我可以向你保证，你会取得成功的。

卓越的天才不屑走旁人走过的路，他寻找着迄今尚未开拓的地区。

希望，是生命的源泉，心灵的灯塔，成功的向导。

成功并没有秘密。成功是做了你知道应该做的事，成功是你不做那些晓得不该做的事。

成功不是以高峰的顶点作为终点，而是不断向上的盘旋前

进，而是永久的成长。

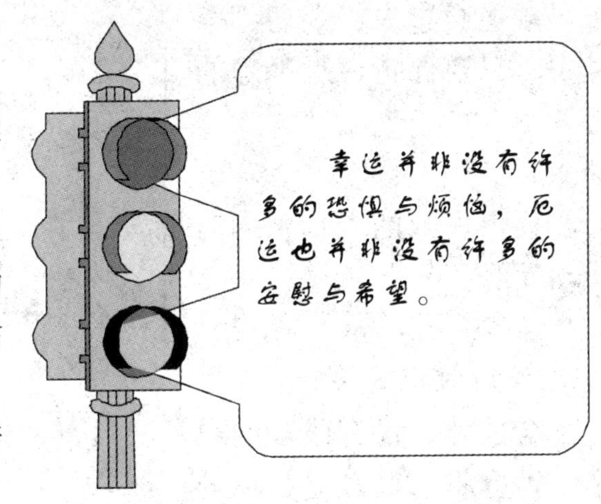

身心健康使您更能享受到成功的乐趣。

你是一只聪明、勤勉的小蜜蜂，“嗡嗡嗡嗡”不息地绕着百花，博采众长，辛勤地酿着甜蜜。

什么是成功的秘诀？很简单，无论何时，不管怎样，我也绝不允许自己有一点点灰心丧气。

容易成功和成功同样能刺激人的欲望。

有史以来，没有任何一件伟大的事业不是因为热忱而成功的。

成功虽然可得，却也路途遥远，需要从长计议，需懂得很好地运动和休息。

学会控制自己的情绪，别庸人自扰。

有风不怕，怕的是在风中动摇；有雨不怕，怕的是在雨中迷失方向；失败不怕，怕的是在失败中永远倒下。

只要你不在失败面前屈服，就总有一天会成功。

追赶“太阳”的人，前方永远是光明的。

顺境会过去，一切都会过去，只要保持一颗平静的心。

珍珠是不会浮到水面上的，要寻找它，必须冒着生命的危险潜到深水里。

畏惧失败的人，永远与成功无缘。

在热情的激昂中，灵魂的火焰才有足够的力量把造成天才的各种材料熔冶于一炉。

不到收获的季节，果子不会成熟；没有跋涉的艰辛，目标将永远矗立在你的前方。

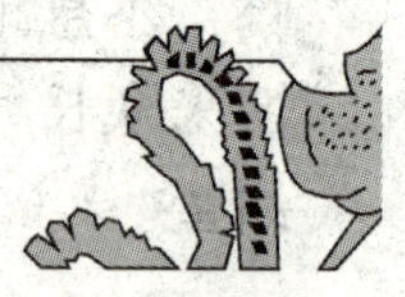

朋友，你不要忧悒，勇敢地把命运担起，冬天从这里夺去的，新春会交还给你。

在你享受欢乐的时候，不要得意忘形；在你蒙受委屈的时候，也不要悲观失望。世界上的一切都变化莫测，愿我们都能辩证地对待生活。

你喜欢成功，却不敢奋斗到底；你愿意收获，却舍不得耕耘。你跌倒了，难道一辈子要别人把你扶起来？不，自己站起来，这儿是你的起点！

要相信，你是有价值的，不应总是贬低自己。

生活中有暖色，也有冷色，这对你的五彩梦同样重要。

你没有摘到的只是春天里的一朵花，整个春天还是你的。

人生之路，曲折如藤；人生之诗，壮丽如虹。

从远处看，人生的不幸还很有诗意呢！一个人最怕庸庸碌碌地过日子。

人生的道路没有撒满鲜花，如果不能尽如所愿，一个人也不要抱怨。无论得到多少，都应该感到快乐。这是对人的考验。

如果在人生这架钢琴上，只按动悲叹这个低音符，那就奏不出高亢雄壮的乐曲而；而一味地沉湎于个人的苦恼和悲愁，也就扬不起奋斗的风帆。

你常说生活是沙漠，那是因为你心中没有绿洲。

再长的路都有尽头，千万不要回头；再沮丧的心都有希望，千万不要绝望。

你很可能一败涂地，但这不重要。重要的是，你曾经按照自己的意愿——而不是他人的意愿，认认真真地寻找过自己。

成功离你只有一步之遥，坚持住！

泪水是浇不出花朵来的。哭，只能使自己受到更大的伤害，欣然面对现实，展望未来，乐观必能再生。

人生路上，或许有些人可以陪我们一段，但绝无一人能自始陪我们走至终点，所有的路必须靠我们自己一个人两条腿走下去。所以，不要放弃自己，要爱惜自己。

苦求本身十全十美的人，那份认真的强求，就是人格的不完美。

人生不如意十有八九，当我们心平气和地承认一切的缺失后，我们忽然发觉没有什么是不可以接受的。

失去了自爱，人格的地基就崩溃了；失去了自尊，人性的味道就没有了。

道德赠言

DAODE ZENGYAN

使德行显得可爱，罪恶显得可恨，可笑的东西显得突出，这就是一切拿笔杆、画笔或刻刀的诚实人的纲领。

道德的营养不良和精神的中毒对人的心灵的危害，正如身体的营养不良对于身体健康的危害一样。

正直的人都是抗震的，他们似乎有一种内在的平静，使他们能够经受住挫折甚至是不公平的待遇。

称赞那不应称赞的和斥责那不应当斥责的，都是很容易的，但两者都是不良的性格。

——德谟克利特

应该反对那做了一件不义的事的人，如果这不可能，也应该避免做他的从犯。

——德谟克利特

谄媚从来不会出自伟大的心灵。

——巴尔扎克

无论从中产生什么效果，只要你讲了真话，就是无可指摘的，因为你并没有往里面添枝加叶。

——卢　梭

无论你出身高贵或低贱，都无关宏旨。但你必须得有做人之道。

——歌　德

生活中最使人精疲力尽的事是虚假。

——林德伯格

凡是拿虚伪做武器的，在没有损害别人之前，先要损害自己。

——罗曼·罗兰

你在山头上的行为，要如在厅堂中一样检点。

——巴格莱

只有相信自己的人，才能对别人忠实。

——弗罗姆

生命不可能从谎言中开出灿烂的鲜花。

——海　涅

我们太习惯于向别人伪装自己，以至最后我们向自己伪装自己。

——拉罗什福科

美必须干干净净，清清白白，在形象上如此，在心灵上更是如此。

正直和诚实还没有发现替代品，人们缺少它就没法取得成功。

正直是这么美妙的东西，重金难买。

没有私欲的人尚比没有嫉妒心的人多些。

真正的人道精神首先意味着公正，而所谓公正，就是尊重与严格要求相结合。

使德行显得可爱，罪恶显得可恨，可笑的东西显得突出，这就是一切拿笔杆、画笔或刻刀的诚实人的纲领。

道德的营养不良和精神的中毒对人的心灵的危害，正如身体的营养不良对于身体健康的危害一样。

正直的人都是抗震的，他们似乎有一种内在的平静，使他们能够经受住挫折甚至是不公平的待遇。

把爱当作口实，就是把爱当作欺瞒的对象。平静地忍受一件由于疏忽而犯的过错，是灵魂伟大的一种标志。

一个人不应该受名誉、金钱和地位的诱惑，而忽视正义和其他德行。

美德是一种战争状态，我们生活于其中，就要常常与自己作斗争。

人最高尚的行为除了传播真理外，就是公开改正错误。

崇高就是伟大心灵的回声。

有并不高尚的价值，但决无不带有某种价值的高尚。

高尚与友谊，忠实与勇敢——这是天赋于人的四个名称。

谁能把手指放在善恶分野的地方，谁就是能够摸到上帝圣袍边缘的人。

没有个人的高尚品德，就不可能有广泛的全民优良素质。

凡是善的都不是有害的。

美，是道德上的善的象征。一个人的美德之所以被称为

“善”，并不是因为那德行对他本身有什么好处，而是因为那德行如我们所期许，并对我们及整个社会有好处。

地球上只有人伟大，人身上只有心灵伟大。

对任何人不怀恶意，对一切人抱宽容态度。

邪恶的榜样，不论是由眼睛进入人心，还是从耳朵进入人心，它们对于心理都是一种毒害。

谴责自己的过错比谴责别人的过错好。

忘了自己的缺点，就会产生骄傲自满。

慷慨，尤其是还兼有谦虚，就会使人赢得好感。

真正的美德就像河流一样，越深越无声。

念念不忘自己长处的人，会使别人想起他的缺点。

真正正派的人决不无中生有地吹嘘自己。

假如我们不自我奉承，别人的奉承就不会损害我们。

我们承认我们的缺点，是想用我们的真诚来弥补人们因这些缺点对我们形成的不利看法。

一个人越伟大，对表扬和奉承就越反感。要想人们对你有

好感，就不要说自己的好话。

先嘲笑自己的人，不会被别人嘲笑。

不满足是一个人或一个民族进步的第一步。

谦逊是美德的色彩。

自负是安抚愚人的一种麻醉剂。

不论面对什么事情，或任何人，都要有谦虚、坦诚的学习态度。愈是虚心学习的人，愈能激发新的思想，拥有独特的创意。

美貌使女人自豪，贞洁使她们圣洁，美德使她们受敬仰。

一个贞洁的女人，应该勇于面对诱惑，把它战胜。

人在智慧上应该是豁达的，道德上应该是清白的，身体上应该是洁净的。

为了诚恳地做人，我不相信我是绝对没有错误的。

不正当的获利给道德带来损害。

用谎言掩盖错误，等于挖一个洞以除掉污渍。

道德中最大的秘密就是爱。

最容易的事是欺骗自己，因为一个人总是相信自己希望的

是真的。

欺骗别人是容易的——但只能欺骗一次。

人的品行犹如一道篱笆——粉刷并不能使之牢固。

一个人要学会诚实，不付出代价是不行的，而且最好是在小时候就教他懂得这点。

谁自重，谁就会得到尊重。

自尊心是一个人品德的基础。若失去了自尊心，一个人的品德就会瓦解。

由于痛苦而将自己看得太低就是自卑。

缺乏自我依靠的人常常从抱怨、牢骚中求得慰藉。

要学会善于给予爱和得到爱，首先就要从自己做起，爱你自己，下决心消除你所习惯的自我轻视行为。

一个自卑感根深蒂固的人总是自己贬低自己，老是惦记着别人是怎么看他的，别人是怎样对待他的。

只要不是搞阴谋诡计、别有用心的人，我们就用不着害怕，索性摆出自己的观点，看谁能说服谁。

人贵在真实，我讨厌虚假。

祝愿赠言

ZHUYUAN ZENGYAN

你喜欢浪漫，你追求实在；你在梦中寻找生活，又在生活中寻梦。祝你幸福，愿你美满！

是爱情把你们结合在一起，是爱情使你们心连心。愿你们发现：年年岁岁你们都像初萌爱心。

大地如此广阔，晨光如此灿烂！谁能不珍惜如此甜蜜的岁月？生活吧——这就是我对你的祝愿！

为真理而斗争是人生最大的乐趣。

——布鲁诺

成功是不回头的大胆孩童。

——迪斯军里

壮志与热情是伟业的辅翼。

——歌　德

立志没有所谓的过迟。

——波多维斯

所有坚韧不拔的努力迟早会取得报酬的。

——安格尔

不要说一天的时间无足轻重，人生的漫长岁月就是由这一天一天连接而成的。愿你珍惜生命征途上的每一天，每天都朝气蓬勃地前进。

让我们用共同的信念铸造的航船，到生活的大海中犁出雪白的浪花。

愿我们的友谊像一团雪球，在纯洁的雪地里越滚越远，越滚越大。

虽然只是一句轻柔的祝福，却是我的心语；虽然见面只是微微的点点头，却满含浓浓的情义。

虽然我们说话不多，却彼此心有灵犀。

愿我的祝福像悠扬的乐章，在你心里轻柔地响起，借此卡说声问候，希望你过得更好。

请收下我用诗歌编织的花环，这是对生活和爱情甜蜜的赞扬。愿你在明丽的月光之中，闪动着愉悦和欢畅。

你喜欢浪漫，你追求实在；你在梦中寻找生活，又在生活中寻梦。祝你幸福，愿你美满！

是爱情把你们结合在一起，是爱情使你们心连心。愿你们发现：年年岁岁你们都像初萌爱心。

大地如此广阔，晨光如此灿烂！谁能不珍惜如此甜蜜的岁月？生活吧——这就是我对你的祝愿！

你站在你的高原上，向我挥动着花束，而我用我朴素的歌谣铺就一条通向你的道路。

“祝福”不会从我口中说出，因为那对朋友来说太淡味、太轻松。我会为我所爱的朋友，祈求上帝——给他（她）一个绚丽多彩的天空。

岁月可以褪去记忆，却褪不去我们一路的欢歌笑语。祝福是我们无尽的爱意！

轻轻拾起一片祝福的花瓣，把它轻轻地抛落在你的心田，就在花瓣的芬芳里面，写着我执著的心愿。

多少盼望，几许祝福，深切问候，印在这寄语中，给我心系的朋友。

我愿意是一束火焰，在你的身边燃烧。

轻轻敲开记忆之门，对你只有深深的怀念。请接受我的祝福千遍！

你的歌声抒发了我美好的理想，我的琴音凝聚了你无限的向往。愿我们合奏一首幸福曲。

信念是感知阳光的鸟儿，当黎明还沉浸在黑暗之中的时候，它就歌唱了。愿信念的鸟儿在你心中筑巢。

我无法让时光留步，愿关怀与祝福永远与你同驻。

愿你拥有春天的花季，夏天的柳丝，秋天的红叶，冬天的白雪。

花的季节对人只有一次，愿你做这个季节中辛勤的蜜蜂，多采集、酿香蜜，这样你会充实富裕。

一份宁静的喜悦，悄悄带给您。礼不贵，情珍贵，让它代表我殷殷的思

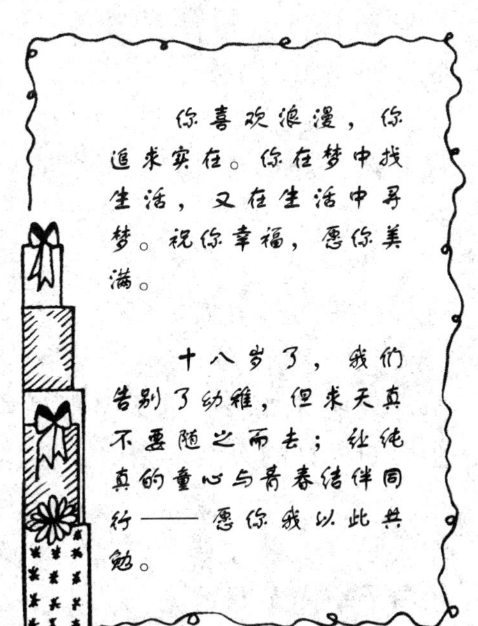

你喜欢浪漫，你追求实在。你在梦中找生活，又在生活中寻梦。祝你幸福，愿你美满。

十八岁了，我们告别了幼稚，但求天真不要随之而去；让纯真的童心与青春结伴同行——愿你我以此共勉。

念和由衷的问候。

朋友，记取串串快乐回忆，让每一刹那都成为永恒。祝你幸福快乐、前程锦绣！

祝福您，健康、富裕、满足永远陪伴在您左右，并从这一刻起分分秒秒都有我真诚的祝福。

像过去的每一个日子一样，默祝您的生活盛满了青春，盛满了希望，更盛满了诗意。

祝福的笑声，怀念的心声，声声谱成一段珍贵的友谊。

生动的祝福最诚挚，飘逸的怀念最相思。

青春的喜悦，新鲜的祝福，降临在每一个阳光照耀的季节。愿你伸出爱的手，接受我盈盈的祝福。

祝愿你，好花常开，好景常在。快乐、甜美永远充溢您的心怀。

祝福是我的，幸福是你的。

朋友，愿你如春日的天空般妩媚，愿你如夏日的天空般明丽，愿你如秋日的天空般高爽，愿你如冬日的天空般朦胧。

昨天是今天的往昔，友情是昨天的根底。愿我最亲爱的朋友，像白云一样无虑无忧。

轻轻问候，不惊你梦，愿你美梦成真。

我愿祝福世上所有美丽的花，盛开在温馨的季节里，点缀你欢乐洋溢的时刻。

作为一块玉，希望你更洁白；作为一粒金子，但愿你更纯真；作为一颗星星，祝你永远亮晶晶。

我致你的祝辞虽然只是健康、快乐，可那却是从千万祝辞中精心挑选的。愿它们与你一生牢牢结合！

惦记着往日的笑声，忆取那温暖的友谊。一份真挚的祝福，代表一颗赤诚的心意。愿世上最美好的一切，永远属于你。

朵朵花香，句句祝福，遥寄给远方的挚友。愿你的黄金时代充满欢愉、成功。

人生漫漫，处处有我美好的祝愿。

满室的烛光，照亮你幸福的脸庞。愿我的微笑如常青绿叶，永远伴着怒放的烛花。

摘一片枫叶，采一朵丁香，愿你生活的诗行留下芬芳。

祈祝你所有的日子都洋溢着喜悦、温馨与平安！

爱像一朵玫瑰，让整个宇宙陶醉；爱像一朵玫瑰，让整个

世界低徊。愿你拥有这朵玫瑰！

春天，有梦一般的花；春天，有花一般的梦。春天到了！愿你的梦，像美丽的花；愿你心中的花，像美丽的梦！

大海，象征着广阔、深远、庄严。愿你拥有大海般的胸怀！

愿诚实和勤勉，成为你永久的伴侣。

愿我的祝福变成你远征时解渴的清泉，烦恼时甜蜜的安慰，胜利时庆功的鲜花……

悦耳的铃声，娇艳的鲜花，都受到时间的限制。只有我的祝福永恒，永远永远祝福你！

阳光、雨露，赐予我新的生命。兹托绿叶，捎去我衷心的祝福。

带给你默默的祝福，勿忘了相聚时的友谊。

诚挚地祝福你，我的朋友，愿你拥有更美好的前程以及光

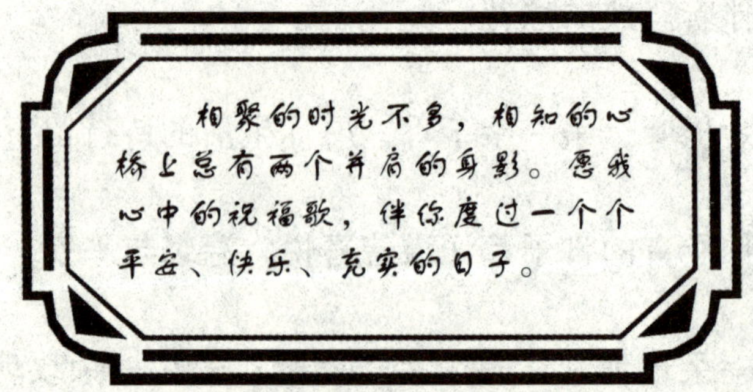
相聚的时光不多，相知的心桥上总有两个并肩的身影。愿我心中的祝福歌，伴你度过一个个平安、快乐、充实的日子。

辉灿烂的人生。

人世间，路漫漫，要勇于独自跋涉。路再长，山再高，有志者，事竟成。朋友，祝你成功！

桥那头的世界很迷人，可需要的却是毅力和勇气。祝你在人生的道路上，永往直前！

在这如诗如画的季节里，愿你欢乐无比，幸福绵延。愿你辛勤的汗水，浇熟成功的丰硕果实。

扬起希望之帆，驶向那理想的旅途。愿你一帆风顺，祝你前途远大。

怀念的情愫在心中滋长，问候远方的好友，送上美好的祝福。

愿你拥有人生的每一个季节。

回忆带给你幸福，祝愿带给你希望。愿你带着幸福和希望，度过你美好的人生。

想说的话太多，只用“愿你一切都好”来表达。

祈愿您心深处，好花常开，好景常在，永远盈满胸怀！

祝福您——世界最美好的事物永远陪伴在您的左右！

在这美好的日子里，祝福是一份真心意，不用千言，不用万语……

衷心的祝愿不必道出，像明媚的艳阳存留在心底，照耀着那永远不消失的慰藉。

十五的月亮，那么明亮，那么皎洁！愿你的生活，也像这良宵美景，美满、幸福。

智慧是知识凝结的宝石，文化是知识放出的异彩。祝福你在新的起点，长成一棵苍天大树！

一本新书像一艘船，带领我们从狭隘的地方，驶向生活无限广阔的海洋。愿你能在知识的海洋中乘风破浪！

不要把未来描绘得漆黑一团，它应当和春天一样，充满朝气，光明、灿烂。愿你拥有一个明媚的明天。

拼上一切代价，奔你的前程！因为没有奋斗，生活将失去缤纷的色彩。祝你的未来一帆风顺！

我们要永远像早晨跃出海平线的太阳，而不要像傍晚快落山的太阳。为了我们伟大的理想，奋斗吧！相信你一定能考上理想的大学，祝福你！

我深信你定会为你的荣誉而感到无比的幸福和自豪。祝贺你再次获奖！

祝贺你在学校的作文竞赛中获奖，希望你今后还有更多像这样的机会。

祝你学成毕业，愿你前程似锦，事事如愿以偿。今日贺君有因，备感欣慰欢畅！

银海为笺，风帆为词，祝福你无忧也无虑。乘风破浪，开拓远大前程。

愿欢乐的歌声时刻围绕着你，使你的人生充满着幸福喜悦，美好年华沐浴在无尽的欢乐中。

爱情是鲜花，令人爱赏；是美酒，使人陶醉；是希望，叫人奋发；也是动力，催人前进——愿你获得甜蜜的爱情。

春天，色彩缤纷的季节，最是撩人思绪，千言万语不知从何叙说。愿至深的祝福时时萦绕你，一日复一日，一年又一年。

愿你永远是这山间淌过的清泉，明洁、清新，一个劲地向前。

这是广阔无垠的天宇，彩霞每一瞬间的停歇，都令人心旷神怡——祝你幸福快乐，永远永远！

万千个期盼，无数的祝福，祈愿幸福拥抱你，欢乐永远围绕在你的身旁。

愿你一桩桩希望和那七彩的梦，都能够实现。

一千条彩虹、一万朵祥云，围绕着你。愿你生活得快乐、幸运！

为您遥寄一束心线，一串长长的思念，不只是关切，还有更多的祝福。

酝酿多少美丽的祝福，在缤纷的季节深情地问候你。

请你接受来自我的一份迟来的祝福，但愿世上最美好的一切永远伴随在你左右。

道不尽的千言万语，几个字表达情意，祝福你，我的朋友。

愿你成为盛开的鲜花，片片花瓣都是美。

在这祝福的季节里诚挚地为您许下三个祝愿：许一个美好的心愿祝福您——快乐连连；许一个美妙的心愿祝福您——万事圆圆；许一个美丽的心愿祝福您——微笑甜甜。

将满载的幸福和喜悦，悄悄带给您。祝您快乐、幸福永远！

我把切切的思念、深深的祝福写成一首歌，串成一支曲，唱给远方的你。

没有了旋律就没有了诗歌，没有了色彩，那是怎样的生

活？愿春天赋予你绚丽的色彩、无限的希望、更好的未来。

愿永远看到被一束束鲜花、一片片掌声簇拥着的你。祝你的艺术生命常在。

时间在一分一秒地逝去，青春在一天一天地度过。愿你珍惜这一分一秒的青春，去追求，去探索。

愿你以欢愉的心情迈着轻快的步子，战胜眼前的艰难，步入幸福之途。

我有多少祝愿，如缤纷的鲜花，扎成一束献给你。

愿我的贺卡和那番心语，带给你欢乐吉祥的一年。

一声亲切的问候，无限的关怀；一份温馨的祝福，深深的思念。祝福你！

祝愿你有辉煌的日子，愿幸福长留你身边。

让灿烂的星星将真挚的祝福带给你，愿你拥有生命的喜悦，祝你编织出更美、更快乐的人生。

愿温馨与幸福，如同吐露芬芳的花朵，云集于你的怀抱。

我想你、忆你，其中含着无数的祝福，祈愿幸福永远跟着你。

朋友，衷心地祝愿你迈开青春的脚步，奔向美好的明天。

让我的问候如春天般的温暖，长久地驻留在你的心田。祝你拥有甜蜜温馨的一年！

让祝福如日之升、如月之恒，永远带给你幸福与喜悦。

家庭是宁静的港湾，春风和煦，波澜不惊。愿你新建的家庭幸福美满，愿你俩在人生的航程中永远并肩前进！

大地如此广阔，晨光如此灿烂！谁能不珍惜这如此甜蜜的岁月？生活吧——这就是我对你的祝愿。

壮志和毅力是事业的双翼。愿你展翅高飞，飞越一个又一个山巅。

愿你像大山般坚强、镇静，大海般开阔、热情，大河般奔放、活泼、永远前进……

爱心串成一首诗、一段歌谣，启开一片温馨的友情园地。祝友人一切如愿，我的心在默默为你祈祷。

愿我的祝福，如一缕灿烂的阳光，照耀你幸福安宁的生活。

为我浓浓的祝福，插上矫健的双翅，带给遥远的你。

捎递一份馨香的祝福与关怀，愿你所有的日子都灿烂无比。

倘若回忆是一种情怀，愿所有的回忆都甜蜜无比。

代表你的蜡烛亮了，照亮了你自己，也照亮了别人。愿你也像这蜡烛，让智慧在生命中闪光。

看见天上那排成人字形的大雁，别忘了拾起那飘落的鸿羽，那是来自远方的问候。平安，朋友！

一朵真挚的祝福之花，将其系在翩翩的彩云上，愿你如彩云般绚丽。

愿您像一条静穆的大河，不管两岸的青山、平远的田畴，也不管丽日和风、雷电雨雪，都不舍昼夜，永远向前奔流。你知道我在想你吗？你永远走不出我的祝福、我的思念。

遥寄一份对远方友人的思念，尤其在这美好的季节里。愿您每一刻的时光，都洋溢着欢欣与喜悦。

如果我的祝愿能够驱除你的烦恼，那么，就让它随这温馨的春风吹进你的心谷吧！

虽然我们萍水相逢于旅途中，但是您那坦荡的胸怀，渊博的才学，爽朗的言谈，对祖国火一样的热情，使我们一见如故。愿我们之间的友谊如黄河之水长流不断，如泰山之松青翠不衰。

愿我们的友情如高山之永峙，如大海之不涸，愿缤纷喜悦的华彩，洋溢在你的生活里。

愿花儿开满你生活的旅途，愿阳光洒满你前进的道路。

愿我的寄语如一株忘忧草，让你和着蜜浆咀嚼吞下，拂去心头沉积的苦闷。

愿我们共同开辟一块爱的土壤，让幻想的种子结出现实的甜果。

笑声，是对困难的轻蔑和嘲笑；笑声，是对胜利的自豪和信心。朋友，愿你的生活永远充满豪放的笑声！

愿你有一颗以奋斗为幸福，寓艰难于自如，视厄运为挑战的磊落心灵！

通向理想的路是遥远的，但它的起点就在我们普通的岗位上。愿我们从平凡的小事做起，实现瑰丽的理想。

愿我的悄悄话如一把钥匙，打开你心灵的乐园。

愿灿烂的阳光，青春的活力，秀美的容貌，舒心的微笑永远属于你。

愿你的笑声像五月的鸟鸣一般清脆，愿你的情感像五月的阳光一般热烈。啊，朋友，愿你的心像五月的石榴花——一团燃烧的火焰！

生日赠言

SHENGRI ZENGYAN

一份最最特别的祝福，给一位最最特别的朋友。虽相距遥远，但仍不忘寄上一份诚挚的问候，给你的生日晚宴增添一份喜悦。

电话铃响起的时候，请接受我真诚的祝福。这是属于我们的热线，无论是生日还是什么时刻，两颗火热的心都将在这里得到充分地表达。祝你生日快乐！

人生不是一支短短的蜡烛，而是一支由我们暂时拿着的火炬。我们一定要把它燃得十分光明灿烂，然后交给下一代。

——萧伯纳

生命是一首写不完的诗，我们要用血与泪来充实它的篇幅；生命是一首唱不完的歌，我们永远不能为它按下一个休止符。

——费尔森

如果是玫瑰，它总会开花的。

——歌　德

人生像曲曲折折的山涧流水，断了流却又滚滚而来。

——波　普

盛年不重来，一日难再晨。

——陶渊明

愿君学长松，慎勿作桃李。

——李　白

礼不贵，情珍贵，祝福你拥有一个：甜蜜、温馨、快快乐乐的生日。

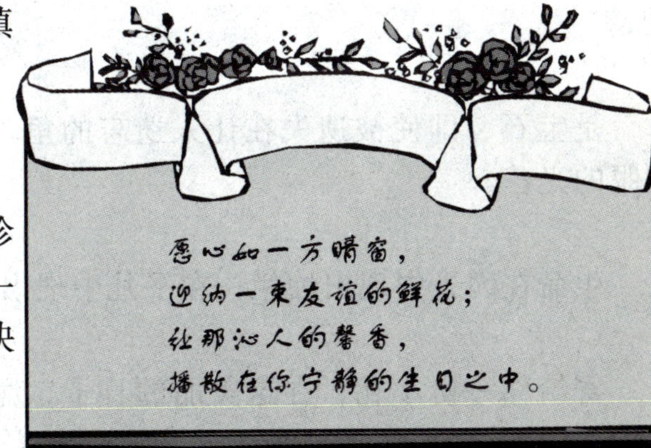

青春、阳光、欢笑……为这属于你的日子，舞上欢乐的节拍。祝您生日快乐!

为了在生活中努力发挥自己的作用，热爱人生吧！这是握别时留给你的赠言。

人的事业与崇高思想相结合，就会壮丽、伟大。

花开不是为了凋谢，而是为了结果；结果也不是为了终结，而是为了重生。

大自然的曙光可以期待，希望之光也要耐心等待，不过不是袖手坐观，而是大步朝前。

我们是幸运的，逢上这好时光。我们有灵气，去把握时机，未来在我们手中。

用十八岁的青春，燃旺生命的火焰，写一首力量和美的诗。

是宝石，即使被遗失在让人遗忘的角落，它也仍然会发出耀眼的光芒。

生命在闪光中现出灿烂，在平凡中现出真实。

寄给你一份小礼，在这美丽的日子，愿你沐浴在温馨的喜悦中。

愿将一切最美好的祝愿，嵌进这卡片中，祝福您——快

乐、心怡、微笑！

小小的礼物，载着重重的情意，飞到你生日的宴会上，化作一杯醇酒，祝你幸福，为你干杯！

我为你收集了大自然所有的美，放在你生日的烛台上。将能说的话都藏在花蕾里，让它成为待放的秘密。

在这属于你的日子，草色更青，阳光更温暖，花儿更红，世界更美丽。

送走的是几度春秋，留下来的却是属于你我的那份最真挚的友谊。

这是郁金香的日子，也是你的日子。愿年年的这一天你都吉祥如意，芳馥依旧。

在你生日之际，呈上我一颗纯金的心，愿我们的爱永远闪光。

在你生日的夜晚，我在遥远的地方祈颂，你听见了吗？那虔诚的祷词：快乐、幸福、美满！

我真想变成一只燕子，展开双翅立刻飞到你的面前，衔着吉祥的百合和长寿的灵芝，作为献给你的生辰贺词。

你加了一岁，加了一分魅力，加了一分成熟，加了一分智慧。

愿你的生日伴随着幸福与喜悦，从日出到日落。

幸福、愉快、欢乐，都围绕着你的生日而来。我把真诚的祝福化成一个美丽的谜，带到你的生日宴会上，让你猜——它就是：纯洁、真挚、友谊、温馨。

让我保留这段芳香的记忆，珍藏这页美丽的友谊。在你生日的今天，请接受我深深的祝福——愿未来的生活成为一首五光十色的诗。

满天星斗，不知摘取哪一颗，唯有送你一张小卡片，代表我心一颗。

深深地祝福你，永远拥有金黄的岁月，璀璨的未来。

掬一捧灿烂的春光，寄予你无限的关怀与祝福。

烟波千里路漫漫，掬一把祝福，遥寄真挚的友人——愿岁岁如今朝。

我把满怀花香，悄悄地寄给你。但愿欢乐和喜悦，永远荡漾在你心田。祝生日快乐！

愿数不尽的关心和祝福飘向远方的友人。娇艳的鲜花已为你开放，美好的日子已悄悄来临。祝你生日快乐！

一年中，今天是属于你的：你的生日，你的华诞。我祝贺你！这张贺卡，还有真诚的心，都是属于你的。

小小的礼物装入思念的信封里，献给你——在这一年中最

美好的一天。

日月轮转永不断，情若真挚长相伴。不论你身在天涯海角，我都将永远记住这一天。祝你生日快乐！

衷心的祝愿——在你的生日和未来的每一天，都永远充满欢乐。

因为，你曾在此刻降临到这美好的人间。所以，这美好的人间，将在你降临的此刻，给予你无限的爱以及无限的欢乐。

但愿真正的快乐拥抱着你。在这属于你的特别的一天，祝你生日快乐！

愿我的心是一朵鲜花，盛开在你的天空下，为你的生日增添一点温馨的情调，为你的快乐增添一片美丽的光华！

幸福、欢乐，是远方的我遥寄给远方的你的一捧清泉。愿这清泉滋润你的心扉，祝生日快乐！

花朝月夕，如诗如画。祝你生日快乐、温馨、幸福！

花儿散播芬芳，友谊传递温暖。

这芬芳四溢的花朵是我的心，系在你如画的梦中，像只黄鹂在清唱小夜曲，在你的梦中不断歌唱、飞翔。敬祝生日快乐！

一年三百六十五天，天天有我的祝福。今天，更不例外。生日快乐！

在你瑰丽的人生之旅中让我的祝福萦绕着你。

寄心香一瓣，为你撒落在温馨的生日卡上！

祈愿所有属于你的日子，像妍丽的花朵，在春风中绽放光彩。祝您生日快乐！

今天又是一个美好的开端，幸福、愉快、青春、阳光，跟随着你。愿这甜蜜温馨的日子，永远都属于你。

淡淡地记取，默默地祝福——生日快乐！

像每天一样，我在你生日的时候，带着爱意思念着你。

为你盼望，为你期待，愿你的人生充满光彩。祝你的生日快乐幸福！

我从那柔嫩的花蕊中，写出对您无穷的惦念与祝福。祝您生日快乐！

岁月总是愈来愈短，生日总是愈来愈快。友情总是愈来愈

浓，我的祝福也就愈来愈深。

祝我快乐的、漂亮的、热情奔放的、健康自信的、充满活力的朋友，生日快乐！

当“祝你生日快乐”的歌声响起时，所有美好的愿望都会涌进你的心灵。但你只有一个选择：好好把握才能如愿以偿。

愿欢乐的歌声，时刻围绕着你，使你的人生充满幸福与喜悦，永沐在无止尽的欢乐年华中。祝你节日快乐！

每到你的生日，我都十分快乐，送上一张生日卡和一件礼物，略表心意。祝事业成功，生活幸福。

一张小小的卡片，系我一片深情，跋涉千里来为你祝福——生日快乐！

祈愿最真诚的祝福，永远陪伴着你，特别是现在，你生日来临的时刻。

天底下有这么多人，而我总把祝福第一个给你。

很抱歉不能与您共度生日，仅献上我的爱与祝福。

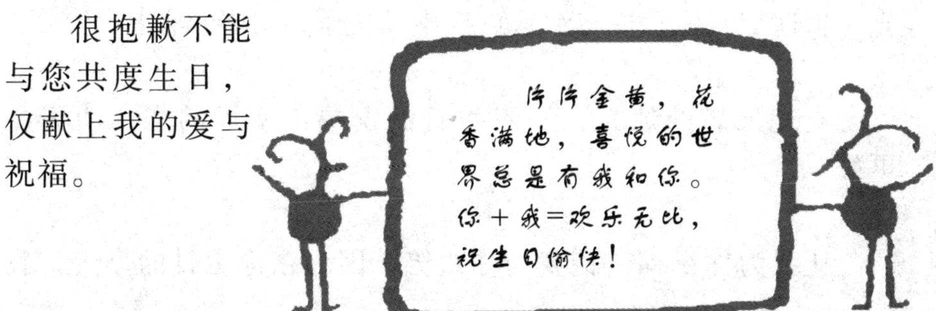

过生日的时候，对你心中的他（她）道一声祝福，表明他（她）一直在你的心里。

层层绿意中，祝福一重重。祝你生日快乐！

我在那柔嫩的花蕊中，写下对您无穷的惦念与祝福，祝生日快乐！

娇艳的鲜花已为你开放，美好的日子已悄悄来临。祝你生日快乐！

绿色是生命的颜色，绿色的浪漫是生命的浪漫。因此，我选择了这个绿色的世界，馈赠给你的生日，愿你充满活力、青春常在。

愿您的生日光芒四射，在整整一年里，充满欢乐和喜悦。祝你生日快乐！

有树的地方就有我的思念；有您的地方就有我深深的祝福。祝您生日快乐！

撒一把欢乐的种子，道一声温暖的祝福；愿这美好的时光，永远带给你喜悦与欢乐。祝生日快乐，青春永葆！

支支灿烂的烛光，岁岁生日的祝福，幸运的您，明天会更好。

让我为你祝福，让我为你欢笑，因为在你生日的今天，我

内心也和你一样欢腾、快乐。祝你生日快乐！

把所有的一切——欢歌、笑语和彩球，都编织进去，汇合成一曲生日的祝愿：祝你生日快乐。

为你点亮烛光，这是希望之火，是前方的旭日喷薄。祝你生日快乐！

愿我的祝福和着你的期待，化成五彩的世界。生日快乐！

生活的牌桌上，最宝贵的是搏杀的信心和勇气，永远不要轻易摊牌，永远要打完最后一张。

无数的关怀，都包含在我对你深深的祝福中。祝你生日快乐！

在这属于你的一天，让阳光从早到晚，照耀你的心路旅程。

送你一份礼物，表我一曲心声，年年长相知。祝你生日快乐！

你是这样不寻常，从春到冬，都在我的思念里。祝愿你有一个美妙的生日。

朋友，在这美好的日子里，紧握住属于你的快乐。祝你生日愉快！

又是一个美好的开始，愿我虔诚的祝福，带给你成功的一年。敬祝你生日快乐！

送你一片真诚的心意，送你一朵美丽的鲜花；我要把千言万语和纯洁的爱，变成一张美妙的贺卡，为你的生日增添欢快的色彩。

我心灵的美酒已经溢出，为您的生日干杯。

一份最最特别的祝福，给一位最最特别的朋友。虽相距遥远，但仍不忘寄上一份诚挚的问候，给你的生日晚宴增添一份喜悦。

电话铃响起的时候，请接受我真诚的祝福。这是属于我们的热线，无论是生日还是什么时刻，两颗火热的心都将在这里得到充分的表达。祝你生日快乐！

每年的此日此时此刻，在我心灵深处，悄悄地思念并祝福你，愿我的贺卡，加入祝福的行列。愿每一片美丽的花瓣，象征您闪耀的希望。祝您——生日快乐！

愿一岁更添一份美丽和快乐，祝你生日快乐！永远，永远……

举起荡漾的红色，捕捉一束西去的白光，拥有一份深不可测的温柔，还有跳动的火焰，祝你生日快乐。

祝我快乐的、漂亮的、热情奔放的、健康自信的、充满活力的朋友，生日快乐！

愿你用你的笑语，热诚地感染你的伙伴们。

愿你一年都称心如意，十二个月都多彩多姿，三百六十五日都开怀不已；更愿你岁岁如是。

盛开的鲜花，还需绿叶扶持。有我在你身边，才能显出幸福快乐。希望与你朝夕相处，永不分离。祝生日快乐！

明天，像鲜花一样绚丽；生活，像彩贝一样斑斓。祝你生日愉快！

款款关怀，绵绵祝福，声声问候，把你的生日点缀得更绚丽。

今天，像小鸟初展新翅；明天，像雄鹰鹏程万里。愿您拥有愉快的生日！

如同你每年的生日，我仍旧献给你一束玫瑰，默祝你的生活充满诗意。

把我的礼物送上，把我的心儿捎上，相信你会快乐无比。祝生日快乐！

愿你生命的烛火，长明不熄；愿它灿烂的光，照亮你的人生旅途。

朋友，扬起风帆，像哥伦布那样，在人生的大海上，开辟出一条崭新的航路，发现一个崭新的世界！

生日快乐，亲爱的妈妈，希望您能理解我们心中的爱，言语永远不足以表达它。

梦中萦怀的母亲，您是我至上的阳光，我将永远铭记您的恩情。在您的寿辰之际，敬祝你如意健康、福乐绵绵！

妈，愿您生日快乐，家里人天天爱您。

您是大树，为我们遮挡风风雨雨；您是太阳，为我们的生活带来光明。亲爱的父亲，祝您健康、长寿。

亲爱的父亲，您的正直、朴实、勤奋，影响着我的人生之路，我为有您这样的父亲而骄傲。在您生日的这一天，祝您健康长寿。

一份最最特别的祝福，给一位最最特别的朋友——爸爸，虽相距遥远，但仍不忘寄上一份诚挚的问候，给您的生日晚宴增添一束别致的花。

您的生命如舟，在人生的惊涛骇浪中起落，生日时，我衷心地祝愿您，平安地驶出港湾！

露珠发出璀璨夺目的光华报答阳光，马莲飘散淳朴的花瓣报答春天，我以赤诚的心和创造的热情，以无怨的青春和无悔的爱报答您——我慈爱的父亲。

在我郁悒时，您给我以快乐；在我犹豫时，您坚定我的信念；在我孤独时，您给我关怀；在我动摇时，您给我前进的信

心。感谢上帝，赐我一位父亲，一位生命中的挚友。

在我困难的时候您伸出无私的手，在我痛心的时候您奉献真诚的心，在我孤独的时候您伴我同行。爸爸，您是我永远的朋友，给我希望也给我温暖。

生日快乐，妈妈。我希望能用最好的话语来表达我对您的爱和敬意。

母亲，今天是您的诞辰，挚诚地敬上三个祝愿：一祝您安宁健康；二祝你称心如意；三祝您永远幸福!

母亲的爱是火热的，父亲的爱是深沉的，只有拥有这全部的爱，才是真正的幸福，祝你们生日快乐。

在您的生日想到您，献上我温馨的祝愿，愿您在寿辰吉日之时，是您得到一切欢乐之日。生日快乐！来年无比幸福!

因为您已把生活变成艺术，因为随着一年一度的寿辰，您的精神和心灵仿佛显得更年轻，所以生日对您来说永远如意称心!祝您健康长寿，幸福愉快，事业兴旺!

这是郁金香的日子，也是你的日子，愿年年这一天的你都吉祥如意，芬芳馥郁！但愿真正的快乐拥抱着你，在这属于你的特别的一天，祝你生日快乐!

娇艳的鲜花已为你开放，美好的日子已悄悄来临。敬祝你生日快乐!

愿我的心是一朵鲜花，盛开在你的天空下，为你的生日增添一点温馨的情调，为你的快乐增添一片美丽的光华!

幸福、愉快、欢乐都由你的生日而来，我把真诚的祝福化成一个美丽的谜，带到你的生日宴会上来，让你猜……

花朝月夕，如诗如画。祝你生日快乐、温馨、幸福……

我唱着“祝你生日快乐”的歌向你走近，表达我的祈愿，分享你的快乐，再倾听那属于你的青春的回音。

只有懂得生活的人，才能领略鲜花的娇艳。只有懂得爱的人才能领略到心中的芬芳。祝你有一个特别的生日!

假如你明白相聚的人终究要离去，海誓山盟亦不再留得住往日欢欣，那么就洒脱地为他送行吧！生日快乐!

你温柔的眼睛，陪伴我旅途中寂寞的身影；你安慰的话语，为我抹开一片相离的痛楚；你给我了思念的天空，任意涂抹着离别后的阑珊心绪。生日快乐!

也许这一次就是那早已注定的前缘，不然怎么有如此的企盼，真想将你的名字烙在心上，成为我情感的驻足点。祝你生日快乐!

我们的相遇，也许是续着一个前世未了的缘，未尽的故事。任何的付出都没有对错，更没有关于值得与否的考虑。祝你生日快乐!

人不是因为美丽才可爱，而是因为可爱才美丽，在我的心里你永远可爱又美丽。祝生日快乐!

用我们的一生去实现心中最美好的愿望，即使那是一条没有尽头的路，然而，远方并不远。

日月轮转永不断，情若真挚长相伴，不论你身在天涯海角，我都将永远记住这一天。祝你生辰快乐!

生日快乐，我的朋友，请惦记着过往的笑声，记取那温馨持久的友谊，愿情谊长存，讯息不断……

祝福一位美丽迷人、聪明大方、成熟端庄、又倍受赞叹的妙人儿，生日快乐!

你温柔的眼睛，陪伴我旅途中寂寥的身影；你安慰的话语，为我抹开一片相离的痛梦；你给我思念的晴空，任意涂抹着离别后的阑珊心绪。生日快乐!

祝你生日快乐!世界需要大自然和艺术的每一件珍品，每一只蝴蝶和花朵，每一支歌和每一颗温存的心。

你和我的缕缕才智和爱慕的思念，让大地出落得美丽娇艳。今天祝你幸福，还有一层心意，正因为你就是你，世界才显得更加美丽!

电话铃响起的时候，请接受我真诚的祝福。这是属于我们的热线，无论是生日还是什么时刻，两颗火热的心都将在这里得到充分的表达。祝你生日快乐!

交际赠言

JIAOJI ZENGYAN

在初次见面时，说大话、说假话，在当时可能会赢得别人的一时崇敬的欢心，但是从长远观点看，它对未来的人际关系的发展百弊而无一益。

为了更好地了解对方，在与陌生人初次见面时，不要过多地显示自己，不要自己滔滔不绝地讲个没完，而要给对方以更多的表现机会，以便观察和了解对方的内心世界和行为特点，以及对方的性格、品质等。

与陌生人会见，要抓住最初两分钟，把你最吸引人的东西传递给对方，但不能一露无遗。

——美国大学生毕业赠言

初到岗位，你在人们的眼光中决不会是“能人”，而仍是稚嫩的“孩子”。不要抱怨，不要不平，不要妒忌，要踏踏实实地干你的事。

——美国大学生毕业赠言

不能凭最初印象去判断一个人。美德往往以谦虚镶边，缺点往往被虚伪所掩盖。

——拉布吕耶尔

与人交谈取得成功的重要秘诀，就是多听，永远不要不懂装懂。

——富兰克林

谈论别人感兴趣的事物，是一种深刻了解人，并与人愉快相处的方式。它与虚伪的恭维是两码事。

——卡内基

记住人们的名字，而且很轻易就能叫出来，等于给予别人一个很巧妙而又有效的赞美。

——卡内基

千万别把“我”变成你语言中最大的字。别说“我想”，而说：“你想呢？”

——莎罗夫

不要板起面孔说话，不要趾高气昂待人。讲话要和气，态度要热情，要像对待你们的恋人一样对待每一个与你交往的人。

——《青年能力的自我培养》

待人接物，只有善于发现和注意别人的优点，对方才会对你襟怀坦白。

——《怎样与人相处》

在宴会或开会的场合里，你不可以抢别人的镜头，亦不要因主持人对你的介绍有错误或过于冗长，而流露出很不耐烦的神情。

取得信任的最快方法，就是让别人读到你、听到你、看到你。

与人初次接触，应避免过于贴近别人的身体、凑近别人的脸谈话或摸肩搭背，更不能随便翻动别人的东西。

当我们出现在别人面前时，应该尽量表现得落落大方，充满自信心。

待人讲礼貌，可以概括为六个字：文雅、和气、谦逊。

在初次见面时，说大话、说假话，在当时可能会赢得别人的一时崇敬的欢心，但是从长远观点看，它对未来的人际关系的发展有百弊而无一益。

为了更好地了解对方，在与陌生人初次见面时，不要过多地显示自己，不要自己滔滔不绝地讲个没完，而要给对方更多的表现机会，以便观察和了解对方的内心世界和行为特点，以及对方的性格、品质等。

与一个人谈话，以他为话题，他就会一听几个小时而不厌烦。

如果我们想“改变人，而又不冒犯人，也不引人反感”，我们必须先要对人采取尊敬和认可的态度。

与人相接触切忌问话太多，否则会引起对方虚应故事、交差了事，这样就难以增进彼此的关系。

当我们向对方披露我们自己的时候，这就意味着我们注意到了他们。对方会因此感到被尊重和被信任，这样，双方就会互相亲近起来，并且谈出各自的心里话。

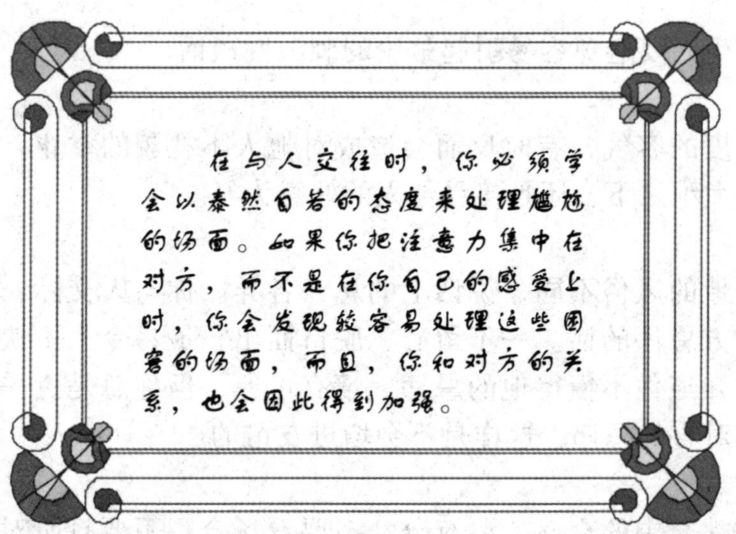

给人亲切感的最好方法就是以名相称，特别是对那些和你没有工作往来的人。

把真实的自己展现在新的同事面前，不隐瞒自己的缺点弱点，反而会赢得关心和谅解。

在一对一的谈话中，要给对方一点时间做一些闲谈。当你向对方询问一些与工作无关，但令他感兴趣的事情时，你会使他的情绪轻松下来，并且觉得自己很重要。

利用弱点的有效方法，是使它与你的优点配合，成为优点的一个标记。这样一来，人家不但不会对它感到厌恶，反将因为它而对你的优点有更深的印象。

如果你想打动他的心，最好的办法，就是多显露愉快欢笑的神情。任何人都不愿意常常看见一个哭丧着脸向他乞情的人。

对生人要避免容易引起争论的刺激性谈话。

过度的客气，有时反而会造成对他人不礼貌的举止。因为在无伤大雅之下，还是接受他人的好意为好。

各地的风俗不同，说话上的忌讳各异。你与人交际，必须留心对方忌讳的话。一不留心，脱口而出，最易令人不快。虽然对方知道你不懂得他的忌讳，情有可原，但你总是近乎失礼地冒犯对方的忌讳，这样是不会增进友谊的。

在社交中的交谈，要有分寸，要看场合，不要打听对方的

私人生活状况，诸如个人的家庭、婚姻、储蓄等，以免招致别人的厌恶。人在某方面总有点隐私，知情者更不应传播。

在社交中，应当注意自己的手势，不可乱用，宁缺勿过。初到一个地方应格外留神，最好事先了解清楚那个地方的风俗习惯与忌讳事项，因为万一搞错，便会产生误会，甚至酿成大错。

当别人讲错了话时，不可以讥笑别人，也不能一听到不满意的话或不同意他人的意见时，就发出冷笑。观看演出，发现演员失手时，也不要发出哄笑声，更不可喝倒彩，因为那都是没有礼貌的举止。

与人一般性交往时，不可用轻蔑或审视的目光看人，它会给人一种阴险、奸诈的感觉。

要用吸引力去交朋友，而不要用施舍恩惠或阿谀的方法去求朋友。

维持友情的要诀是“保持距离”。无论两个人怎样要好，彼此之间那点应有的尊敬总是不可少的。

朋友之间应当求大同存小异，在与别人交往和发展友谊的过程中，对别人的要求应当合情合理，多一点谅解和宽容。

你要希望做事顺利，先要改善你四周的环境。要改善环境，只有逐渐团结你的同事。代为解决困难比设宴请客要自然得多，人们也乐于接受，不会怀疑你别有用意。

初期交往容易感情冲动。单凭印象，只看见对方的优点，看不出缺点，甚至夸大优点，美化缺点。便是与同性朋友相交亦不免如此。

必须彼此看到了优点，也看到了缺点，觉得都可以相忍相让，且不会影响大局的时候，才谈得上进一步地了解；否则只能做一个普通的朋友。

不少人错误地认为，对待关系亲密的“自己人”不必客套，即使有点冒犯也不用道歉。实际上，对亲爱者及时道歉也同样重要。

争取众多的朋友，是你完成事业的一种力量。朋友越多，力量越大；朋友素质越高，正能量就越强大；朋友越精明，其能量就越无穷。

要想吸引朋友，本身必须有可爱的品性。自私、小器、嫉妒以及不乐于成人之美，不喜于闻人之誉的人，无法获得朋友。总之，我们要切实做到推己及人，多为别人着想，如此才能获得真正的友谊。

与朋友交际，要颜正色悦，目光柔和，给人以善良的印象。和悦的眼神使人融洽，凶狠的眼神令人生畏，呆滞的眼神缺乏魅力，飞动的眼神惹人生厌。

那些同你的意见完全一致的人，可能隐瞒了大量的与你不同的意见；而那个在某些问题上同你大吵大嚷、唱对台戏的人，却可能同你就只有这么一点点分歧。

如果你在对方面前讲另一个人的坏话，那么对方就会疑虑你也会向别人讲他（她）的坏话，就会对你产生戒心，或认为你是个拨弄是非的人。

在亲友的交往中，常常会因为一两句措词不当的话造成尴尬的局面。这时，就需要有个人用大家都能接受的办法进行和解，既不伤害任何一方，又使大家觉得合情入理。善于接过已经形成冲突的两方意见，顺着他们的意思加以发展，最终得到统一和融洽。机敏、豁达和善解人意，是不可缺少的本领。

与人相处，要做到：多给别人提供方便，少给别人添麻烦；给别人的好处，不可老记在心上，而别人给自己的好处，却不可忘记；小事不妨糊涂，大事必须明白；对自己要求从严，对朋友不可苛求。否则会失去真正的朋友，也无法与人合作。

要是别人向你说某人的短处的时候，你唯一的办法是听了就算，像保守你自己的秘密一样，谨缄金人之口，不可做传声筒，并且不要信片面之词，更不必记在心上。

我们不要对讲坏话的人抱有偏见，而且有时坏话正是友情的表现。人，关系越是亲近，对对方的要求就越高，这是很常见的。而且，这种要求又常常会用发火的形式来表现。人往往会对议论与自己无关的人不感兴趣，因此，要常常倾听朋友的“坏话”，人才会有大的长进。

直爽，是人际交往中值得人们珍视的一种品格。它是指人格的正直，不曲意逢迎；它是指人品的直率，不矫揉造作；它是指言谈的直截了当，不兜圈子，等等。高尚的友谊，是真情实意的交流、渗透和共鸣，而不是虚情假意的交流、渗透和共鸣。

如果我们只是设法去影响别人，并让他们关心我们，我们将永远不会有许多真正的知心朋友。朋友，真正的朋友不是那样交的。

一个胜任的领导者必须适应一个生机勃勃的集体，不是压制它，不能要求集体买你个人的账。

如果你要求对方纠正某种错误时，先要准备一套可供采用的意见，不要总是责备。在人际交往的过程中，如果我们是站在对方的立场上，以求真正了解别人的思想和志趣，需求和感受，那么自然会改善对人的态度和处理事物的方法。

不论对方所提出的问题或意见是如何不合自己的心意，均须加以容忍。要明白，这种意见在对方心目中是被认为合理的。

人人都有自尊心，人人都有好胜心，你要联络感情，就应处处重视对方的自尊心。要重视对方的自尊心，必须抑制你自己的好胜心，以成全对方的好胜心。

来自长辈或上司的批评，最容易伤一个人的志气。我从不批评他人，我相信奖励是使人工作的原动力。所以我喜欢赞美而讨厌吹毛求疵。如果说我喜欢什么，那就是：真诚、慷慨地赞美他人。我始终相信，只有我们用放大镜来看自己的错误，

而用相反的方法来对待别人的错误，才能对自己和别人的错误有一个比较公正的评价。

假如你是一位领导，光凭一点地位是调动不了人的，你还必须凭借私人关系，以平等的态度感化人家，这样才会令人信服，觉得你“说得很对”，只有这样你才能在工作岗位上做到一呼百应。

要想成为一个为部下所亲近、所喜爱的好领导，最有效的办法是讲讲出人意料的自己的逸事。

好的主管很少发号施令，他们都以劝说、奖励等方式，向部属“行销”一项行动，尽量避免直接命令。

每当部属圆满完成工作时，立刻予以奖励或赞美，往往比日后的调薪效果更好。

上级都有一种想为部下做点好事的愿望。你应该理解，并要为上级准备好登台表演的机会。这一点很重要。如果你忘记了，光知道埋头干活，就是有成效，也不会和上级处得很协调。

领导喜欢无需交代两遍就能明白的人。

及时解决自己工作中所遇到的各种困难，不把难题上交。这不但锻炼了你的能力，疏通了各种关系和渠道，更是提高了你在领导心目中的价值和地位。

不能履行自己的诺言，将会失去领导对你的信任，诚实的错误也比言而无信好。

友好地对待每一个普通人。记住你仍然是他们中的一员，你应永远把自己置于普通人之中。

没有普通人，也就没有特殊人。

向上司报告工作情况时，先说结论会加强对方认为你很能干的印象。

提出反对意见时，采取请教的方式，可刺激对方的优越感，进而减低对方对你的反感，不致给对方留下傲慢的印象。

你千万不要以为不对的总是别人，而你一贯正确。不会批评自己的人就不会进步。装腔作势，表现得一贯正确的人，往往是最令人讨厌的。

如果你说不出某人的优缺点，看在老天爷的份上，就免开尊口吧。我们很多人都有一种毛病，就是专门说人家的缺点。这只有害处，而且常有报应。

你不能总是板着面孔与人相处，幽默感是最重要的。它会使你的工作变得更为轻松，同时也会给你的职业生涯带来阳光。

仅仅表现得与人为善，会被人看作是软弱，只有辅以钢铁般的决心，才能使下级按命令办事。

一个单位的领导人，用和颜悦色的笑脸比用一本正经训斥人的面孔来和下属谈话，效果要好得多。

与长者、老师和领导交际时，要表现出谦虚、恭敬、诚恳和感激的神情。

要搞好领导关系，无非三条：一是，你要彬彬有礼地尊敬他；二是，你要卖力地做好他分配的工作；三是，要了解领导的脾气与性格，不做他反感的事情。

以为没有别人自己什么都行的人，是非常错误的；以为没有自己别人什么都不行的人，那就更加错误。

一句感谢或赏识的话往往能使一个机构维持高水平的士气。

如果说世上存在着什么成功秘诀，它一定是存在于那种理解他人观点并以己谅人地观察事物的能力之中。

用辩论的方法，你不可能得到满意的效果；用让步的方法，你的收获会比你预期的要多得多。

谈判正式开始之前，设法认识他们，寻出他们的喜好，抓住跟他们做非正式洽谈的机会。要在谈判正式开始之前先去跟他们聊天，然后又在开完会后闲谈一阵子。弗兰克林最喜欢用的方法，就是向谈判对手借阅一本书。这等于拍了对方马屁，并且使对方因为弗兰克林欠了他一份人情，而在心理上觉得很舒服。

若想在谈判时让别人重视你的利益，就要先显得你重视他们的利益。

不要过分防御，否则就等于落入对方要你认错的圈套；尽量听完他的批评，然后把话题带到“那我们可以针对你的批评如何改进呢？”

在你谈判讲价之前，如果偶然发现一种心爱的畅销商品，千万不可失声大叫，要行若无事，淡然处之；在打听多种物价之后，随意问及，否则你会打草惊蛇，对方便奇货可居了。

先争取客户，与人好好相处，再想着赚取利润。

在商谈时，最重要的一件事是：“可”与“否”，要明白地表示出来。而且无论是在买或卖的任何情况下，都要坚守这个原则。

在社交中，单凭真诚往往是不够的，还要有智慧——心理术。不了解对方的心理奥妙，就不会体察人，就不能知己知彼，处于不败之地。

提及对方的兴趣、近况等，会打动对方并使其在谈判场合中做出最严重的与最不明智的让步，毫无异义地接纳对手首次要求的条件。千万别让他轻易地获得你方的让步！切记：人们对不劳而获的事物通常都不加珍惜。

切莫令卖方知道或以为他是唯一的供应来源，因为若让他以为仍有竞争对手存在，他将不敢过分嚣张。

每一位谈判者都必须为自己塑造一个符合自己身份的形象。你的仪表至少应让谈判对手感到自然与舒服。只有这样，你才能使他的注意力集中在你所说的话或做的事上面，而不会集中在你的仪表上。

在面对面谈判的场合中，倾心表示你对对手的尊敬，也是一种只有好处而无坏处的让步！

成功的谈判有赖于事先的充分准备。富于经验的谈判者对重要谈判的准备工作，通常都在与对手正式接触前的几个月中进行，甚至几年之前，即已着手进行。

改变对方看法的最佳办法，也许就是发出一个与对方看法不一致的讯息。在说服人的时候，最重要的是要取得对方的信任。只有对方信任你，才会正确地、友好地理解你的观点和理由。

捉住彼此交谈的兴奋点，无疑是谈话术中的一种激素。它能拉近彼此间距离，使交谈气氛维持长时间的兴奋状态，并且有一种经久不忘、乐而忘返的效能。

一个高明的谈话者，他的交谈总是简洁明了，没有半句废话。他让人听了理解透彻、记忆明晰。交谈者必须对所要讲的内容有所准备，一是什么，二是什么，三是什么，应头头是道，有条不紊。

如果你考虑两遍以后再说，那你说得一定比原来好一倍。

幽默与机智，在交际上可以压倒别人，显出你自己的聪明之处，也可以激发他人的兴致，缓和紧张的局面，使大家快乐。

最后的印象，往往是最深刻的印象。笑，就是具有异常的魅力和容易留下难忘的印象。

在交际时要情绪饱满、精力充沛，要注意自己的神情，不要使人家因为你没有精神或缺少神采而认为你对谈话不感兴趣，从而影响谈话的效果。

听别人讲话，不要轻易下结论，说这个对，那个错。否则会破坏谈话的气氛，导致谈话不能继续下去，有时还会因此造成很尴尬的局面，使双方都感到难为情。

当别人对所谈话题正感兴趣时，你却任意转移话题；当别人感到厌烦时，你却喋喋不休，仍讲个不停；当交谈不该结束时，你却突然中止，使人觉得你无礼并有戏弄之意。

思念赠言

SINIAN ZENGYAN

你我虽然相隔千里，彼此却心意相牵；你牵挂着我，我牵挂着你。让我轻轻地对你说一句：『真地好想你。』

我的朋友，你的声音飘荡在我的心里，像那海水的低吟之声，缭绕在松林之间。

同学几载，几多欢乐几多愁，虽相隔千里，同学之情不尽，同学之谊不断，愿早相聚，共欢乐！

他乡有明月，千里照相思。

——李　峤

相思长相思，相思无限极。相思苦相思，相思损容色。

——陈　羽

天涯地角有穷时，只有相思无尽处。

——晏　殊

相思如明月，可望不可攀。

——李　白

请君看取东流水，方识人间别意长。

——严　仁

相见时难别亦难，东风无力百花残。

——李商隐

可恨相逢能几日，不知重会是何年。

——苏　轼

自送别，心难舍，一点相思几时绝。凭栏袖拂扬花雪，人居两地，情一心。

——曹雪芹

让我与你握别，再轻轻抽出我的手，知道思念从此生根，浮云白日山川庄严温柔。

——席慕蓉

人生的旅途很长很长，不知还会相撞在什么地方？我愿看到你宽厚的微笑，心中留下不泯的形象。

——席慕蓉

当我想你的时候，冰雪会化作温柔的水花，向你传递春天的信息。

递给你一抹暖融融的问候，只想让你回眸从前。在今年的冬季里，呼唤着沉寂已久的心——朋友，你好吗？

我愿，我愿永远生活在梦里，因为梦中，有你的身影。亲爱的，是否？是否我也在你的梦里？

想念你的笑，想念你的外套，想念你白色袜子，和你身上淡淡烟草的味道。

思念的歌从远方飘来，那是你长久的徘徊；思念的信从远方寄来，那是我漫长的等待。

远山藏不住夕阳的光辉，如同我掩不住对你无限思念的深情。

当大地在星辉月华的笼罩中静静地安睡，你可知道有一颗心却醒着，它正在跟你那一颗遥远的同样不能入睡的心交谈着。

字字相思语，句句绵绵情；写进红豆诗，记下青春语。愿我的思念化作网将你围住：勿忘我！

我的心中珍藏一个秘密，说出来只有四个字——我太想你！

你我虽然相隔千里，彼此却心意相牵；你牵挂着我，我牵挂着你。让我轻轻地对你说一句：“真地好想你。”

同学几载，几多欢乐几多愁，虽相隔千里，同学之情不尽，同学之谊不断，愿早相聚，共欢乐！

当夕阳从草木葳蕤的花园里收敛起金色的余辉，当月亮从地平线上升起、洒下静柔如水的清辉时，朋友，你可在把我思念？

我常思念我们并肩走时留下的那串脚印，思念那段友情温馨的岁月。

“明月不谙离恨苦，斜光到晓穿朱户。”欲诉别情无所托，暂借贺卡道祝福。

云散天遥远，水长大江流。思情急，如飞舟，但愿瞬间到你心岸口。

在这晶莹的雨后，在这碧蓝的远空，朋友，这瑰丽的彩虹，可是专为你与我架起的拱桥？

你我虽然相识短暂，可是你给我的影响却是那么深远。永远思念你，我的挚友！

对你的思念，就像片片白云，飘浮心田，更似悠悠流水，欲止不绝。

三月雨，细如烟，轻如絮，飘飘忽忽如思绪，从我的心坎里荡漾开去。

凝视落日的余辉，倾听那无边的寂静，勾起我对你无尽的思念。

两心向往，也是一种甘甜。还没有分离，就想着重聚。

时间是河，记忆是水。朋友，我从河里捞起来的都是对你的回忆。

迎春花开了，我似乎看见了你的微笑，听到了你的低语，还闻到了你温馨的气息。

思念，像一条流不尽的江河；思念，像一片温柔轻拂的流云；思念，像一朵幽香阵阵的花朵；思念，像一曲余音袅袅的洞箫之曲。

这是真的，一想起你，那空旷的记忆沙滩上就会飘起一朵云。你可知道，它有多么动人。

你我一起种的那株葡萄，如今一串串地熟了，如同瞪着的水灵灵的眼睛，盼你来尝一尝它们的甜蜜。

莫问我的思念！我的思念恰似这一江春水，拦不住，剪不断。

你是一个宁静的港湾，我思恋的小船将在你那里自由地停泊。

我的梦中夜夜有你。我想我也一定走进了你的梦里。

多少个绮丽迷人的夜晚，我俩在那如水的月光下幸福度过！

漫步在记忆的沙滩上，拾起往事的一只只彩贝——这是你走后我唯一的乐趣。

远行的人，你看见吗？家屋的上空飘起袅袅的炊烟。迎你的饭，候你的菜，一回回地煮，一次次地把你等待。

你的脚步常常低声地响起在我的记忆中，悠悠地走进我的心窝里。

在心中，你是我唯一的梦、唯一的思念、唯一的爱。

我是一只孤独的小船，渴望那温暖的港湾。不管天涯海角多么遥远，我都会驶来轻轻地靠岸，诉说风浪中的思念。

不尽的思念好像是一只未解缆的小船，在我的心中忧伤地来回摆动。

割不断那缕缕的情愫，忘不了那爱的梦境。无论天涯海角，我心中都将永远铭刻着你的芳容。

愿我的思念如天上的白云，追随你到天涯海角，永远伫立在你的面前。

往事如梦似烟，多少甜蜜、多少怀念，纵然相隔遥远，你的情谊永驻我心田。

春，在梅花的清香中。爱，在沉沉的相思里。

虽然远隔千山万水，我仍然看得见你明镜般的心灵，觉得出你柔丝般的温情。

我默默地摘下圆月中那金桂新枝，编织一个相思的梦寄给你。

当夕阳谱写这没有声音的美丽乐曲——晚霞时，你可听见我的心儿又唱起思恋之曲了？

此刻，我多羡慕那只飞在云端的雄鹰！如果我是那只展翅高飞的雄鹰，不就可以看清你的容颜，不就可以飞到你的身边。

别后，漫长的岁月，您的声音常在我耳畔响起；您的身影常在我眼前浮现；您的教诲常驻在我的心田。

家乡的炊烟似挥别的手绢，似绵绵的情意，似悠悠的思念，它牵挂你，盼你在异国学习顺利，生活遂意！

多少个思念遥寄月一弯，多少个眷恋托付星数点。远方的你啊，何时归来？

今天，我在遥远的地方，把您给予我的昨天折叠成记忆的小船，任其飘荡在思念的心湖里。

人间自有真情在。虽然海天远隔，却割不断我们之间的深情厚意。

落日余辉映着彩霞，随风托起我的情意——无论你飘流得多远，它都将带着祝福永远追随着你。

寄上一束白玉兰，每一片洁白如玉的花瓣，都象征纯洁的友谊；每一缕淡雅温馨的气息，都象征祖国亲人的思念。

你远离国门，请带上我赠送的海螺。不论你在何处，只要把海螺贴近耳朵，就会听到我心灵的呼唤和祝福。

我从感情的土壤里摘下一朵成熟的蒲公英，对着那轻柔的花轻轻一吹，白色的天使便缓缓飞起——愿它们飞进你的心田。

人生的长河飞溅着彩色的浪花，那里有你远航的小舟。

你是一只飘泊重洋的风筝，那筝绳却在我心头长系。

迎着晨曦，你展翅飞渡重洋；面对黄昏，我寻望着归巢的小鸟。

愿我的思念如天上的白云，追随你到天涯海角，永远立在你面前。

自从你远行后，我总喜欢遥望夜空，因为天际那颗最亮的星星，能辉映出你的面容。

如果你走在海滩上，务必不要忘记捡起大海送上的贝壳。你将从中听到我在天边托它给你捎去的呼唤……

大海袒露着胸怀，我毫不隐藏情感——我想你！

想你的时候，我就在红霞飞彩中把你寻觅。

心帆升起来，让思念的风轻轻地吹，缓缓地驶向大洋的彼岸，问一下起居，道一声“平安”！

白云悠悠照五洲，真心一片赠密友。

小草，扬起绿色的翠旗，向故乡报告又一个春天。

我爱冬天的夜，它漫长而又宁静；夜长梦远，可以同你一起畅游。

常因流水思今日，每托清风怀故人。

飘飘雪花，悠悠情思，望穿秋水，望断天涯人的归路。

摘一片红叶，写上几十年的相思，让狂涛投递，直寄友人。

我愿这白帆般的浮云将我心中的千种柔情、万般思念，都

带进你的心坎。

清晨，我捧着晨光的花束；黄昏，我摇动晚霞的彩巾，面向东方，遥望海天。远方的亲人呐，你可知我的期待？

当晚霞如同一片赤红的落叶，坠到铺着黄尘的地上时，啊，朋友，你可知道我在远方凝望？

飞吧，我思念的白鸽，飘过云海，捎上我的信息，再让鸽哨为你唱一支我心中的歌。

当我仰望碧空，和白云一起走进记忆时——啊！亲爱的，在岁月碾过的车辙里，你又拾起了多少甜蜜？

朋友，让我们守住生命中最美好的时光，别让它成为褪色的记忆。

这是真的，一想起你，在那空旷的记忆沙滩上，就会飘起一朵白云，你可知道，它有多么动人……

有颗心在痛苦中呻吟，有个灵魂在麻木中叹息。这就是我那颗被爱灼伤的心，就是我那个漂泊寂寞的灵魂，在燃烧着的思念的烈火。

爱的温馨，能使愁苦化解；然而，我的愁苦，在思念你的夜里，却越积越浓。

又去看这林间的小径，又去赏这林中的小溪，仿佛又依稀见到了你。愿贺卡带去我的情意!

心上的帆升起来了，让思念的暖风轻轻地吹，缓缓地驶向大洋彼岸，问一下起居，道一声“平安”！

小鸟在枝头叽叽喳喳，多像我们当年的窃窃私语，和那一串串咯咯的笑声。

一年一度，又是中秋。对着这长空中的一轮皓月，我问：你可也在凭栏望月，惦念着亲人?

邀一潭汪洋，撒一张大网，拉上宝岛飘来的一片相思叶，一首孩提歌，一颗红豆角。

山泉，像一根琴弦，日日夜夜弹奏家乡的山歌，带着我的问候，飞出山谷，流入江海，寻觅你的踪影。

如果你仰望天上千千万万朵白云，那么其中最美丽的一朵，必定是故乡云。

我轻轻地把一片枫叶夹进信笺，让思念深深地融化在里面。

不管距离多么遥远，诚心的祝福与思念，将紧紧系住你我。千里试问平安否，且把祝福遥相寄。

纵使你的足迹，踏遍天涯海角，走过千山万水，幸福永远跟你走。我将永远记住你，朋友!

总得分手，总得追求，来日方长，我们总有相逢的时候。

月缺重圆会有期，人间何得久别离?

正因为有思念，才会有相见的欢愉。

不，不要因远离而愁闷，哪怕是相隔了九个星球，难道不能发射一支火箭从我的心直达你的心?

总喜欢背起人生的行囊，让自己洒脱地去流浪。在流逝的岁月里飘泊，当全世界都倦了，思念是每一个驿站。

聆听了太多的思念，遥望整夜的繁星。

思念是条长河，蕴藏一份浓浓的情谊，在四季的流转里荡漾、荡漾。

窗外绿意盎然，窗内冬火正旺，燃起一份思恋；扬起一份期望与企盼，寄赠你永久的祝愿。

遥寄一份对远方友人的思念，尤其在这美好的季节里。愿每一刻时光都洋溢着欢欣。

思念如霏霏细雨溶入人间，化进天地，漫过你的眉睫、你的梦境。

数不清多少怀念，于白雪纷飞之际，谨致无限祈愿、祝福给你。

每一个梦中，都有一丝温暖；每一个心中，都有一些爱意。像夜航的曙光指引思念，在分别的日子，你是否安然无恙？

友情更远情更深，远离千山万水，忘不了对你的思念。

念不完你的名，惦不尽你的影，说不完的思念，忆不尽的欢笑。

朋友！我期待下次的相聚。

翻开昔日的记忆，很快就找到你。那一页，写满了青春的欢笑，画满了七彩缤纷的狂想，是一个故事，是我们青春写就的故事。

不能沉睡入梦，只因思念你。

转眼之间，竟已是寒冷的冬末。在这样一个凛冽的日子里，对你的思念更深亦更浓。

多情多无奈，情深伤也深，已无力再去承受你善变的温柔。可寂静的夜，怎么也拂不去对你的无限思念。

一扇怀念的心扉，蕴含无数的愿望。在这甜蜜的季节里，送给你一份我日日夜夜的思念。

可否忘了星座的方向，淡漠了曾有的挚情，褪却了年少的美梦？愿轻柔的问候重新唤回你我逝去的激情。

季节匆匆走过，岁月带来变化，却为什么拂不去对你的思念？

思念夹着温馨，回忆带来欢乐；愿能把我深深的祝福，都交付给满天的星星，带给你……

把思念寄予流星，飞向您，祝福您；把思念寄予白云，飞向您，祝福您。在无法预知的重逢里，将用鲜花为您铺地。

在彼此的梦园中，植满年轻的故事；多年以后，难舍的总是曾经不经意的片断；于是忆起聚首时的欢笑心情，油然升起一份期盼。愿你年年灿烂无比！

往事是沉醉的歌，唯有你令我思念。

思念是一片树叶，落下去蕴育一粒种子。春天来临，就会发芽，绽放友谊之花。

岁月匆匆，冲淡了多少记忆的色泽！为什么总拂不去对故友的思念？

无需再多的言语，无需再多的手势，我的情，我的意，永随你！

谁说相聚短暂，谁说相对无言？浓浓的祝福，深深的怀念，永寄你心，永驻我心。

让怀念留在我心中，把祝福送到你手中。

什么都可以忘记，就是不能忘记你。

无从追踪的思绪，开百花。祈愿你的内心深处，好花常开，好景常在，好梦成真。

大海呵，哪一颗星没有光？哪一朵花没有香？哪一次我的思潮里，没有你波涛的清香？

昨夜，我很晚很晚才沉入梦乡，那惦念你的思绪如同漫无边际的天宇。

我对您的思念多过繁茂的树叶，一片片都是友谊，真挚而诚朴！

送你一束常青藤，让我长长的思念陪伴着你——朋友！

思君如流水，何有穷已时？不再相见，并不等于分离；不再通讯，也不等于忘记。

但愿人长久，千里共婵娟。思念，是一条悠悠的小河，每当友谊的春风吹来，它都会泛起阵阵清波。

让我的思念化作一艘小船，沿着你目光的河流驶入你的心湖。

我多么希望，我怀念的回首，像这茫茫黑夜里大海的轻涛细浪，飘然来到你的身旁。

叠一只小船，写上我的名字，载着我的心灵与快乐，漂到你的身边，与你同享。

有一道美丽的彩虹，不出现在雨后，不出现在天空，它常出现在我心头。当我思念你的时候，总是用它的这端来系我，用它的那端来系你。

默默思念中，忘不了你常开的笑脸，忘不了我们共度的岁月。一声亲切的问候，表达了我无限关怀，一份温暖的祝福，是我深深的怀念！

我想把你的心和那赞美的风，都托付给飘泊的云，带去喜悦的讯。

飘飘雪花，悠悠情思，望穿了秋水，望断了天涯人的归路。

彼岸，多么遥远；同胞，是多么亲近。你在遥远的地方，我们的心永远相亲。

老师，虽然分别已经整整三年，但是您那张布满皱纹的脸，却一直都在我的眼前，从不曾淡化。

当我疲劳的时候想到您，我便会精神倍增；当我成功的时候想到您，我便会深感欣慰；当我遇到挫折的时候想到您，我便会重新鼓起勇气。老师，您永远在我心里。

即使我两鬓斑白，依然会由衷地唤您一声——老师！在这个神圣而崇高的字眼面前，我永远是一个需要启蒙的学生！

饮其流者思其源，学有成时念吾师。

事隔经年，未曾忘记的是您的教诲，心中常牵挂的是您的平安。

忘不了您亲切的话语，为我在人生道路上指点了正确方向；永远忘不了您站在讲台上，带着病给我们讲不懂的难题；永远忘不了您在我们摔倒时扶我们起来。愿这份祝福寄托我们对您的思念。

漫漫人生，是一条没有尽头的路。即使跋涉到天涯尽头，我都能清晰地记得您的面容、您的教诲、您的声音、您的精神！

老师啊，是您教会了我做人的真谛，我又怎能把您忘记？

老师，虽然远隔天涯，您在我心中的形象依然高大，仿佛一个灿然发光的太阳，散发出万丈光芒，给离别后早已不在校园的我以奋斗的力量。怀念您，老师！

怀念您，敬爱的老师！在我心中珍藏着您春风细雨般的叮嘱，像串串风铃，永远奏响在我的心里！